Die Sprengpotenziale der *Gefühle*

Klaus Klima

© tao.de in J. Kamphausen Mediengruppe GmbH, Bielefeld

Neuauflage 2016

Autoren: Klaus Klima
Umschlaggestaltung: Klaus Klima
Umschlagfoto: Klaus Klima und tao.de
Lektorat: Johanna Krzystolik-Klima und Klaus Klima
Korrektorat: **Werner Morsch** und Klaus Klima
Printed in Germany

Verlag: tao.de in J. Kamphausen Mediengruppe GmbH, Bielefeld ·
www.tao.de

Bibliographische Information der Deutschen Nationalbibliothek:
Die Deutsche Nationalbibliothek verzeichnet diese Publikation in der
Deutschen Nationalbibliographie; detaillierte bibliographische Daten
sind im Internet über http://dnd.d-nb.de abrufbar.

978-3-96051-005-5 (Paperback)
978-3-96051-006-2 (Hardcover)
978-3-96051-007-9 (e-Book)

Inhaltsverzeichnis:

Einführung

Die Sicht der alten Religionen auf die Welt war äußerst negativ. Der ferne Osten (Hinduismus), das Judentum, dann auch das Christentum und später der Islam, spielten alle auf der gleichen Klaviatur. Die Welt ist verderblich, voller Gefahren, jeder wird in den Hinterhalt gelockt, überall gibt es auflauernde Menschen und Gewalten. Wem die Welt zu gefallen beginnt, ist ihr bereits ausgeliefert. Er hat ihre verräterische Natur nicht erkannt.

In unserem Kulturkreis warnten nicht nur die Pythagoreer, Platoniker und Stoiker vor der Zuneigung zur Welt. Johannes und Paulus sehen in der Welt das Reich des Satans, die Sphäre des Bösen und des Verderblichen. Der Mensch ist nicht von dieser Welt, wäre jedoch in ihr, um im Kampf und Widerstand gegen das Böse so vollkommen zu werden, wie Vater im Himmel.

Das Erreichen der Vollkommenheit ist jedoch schwieriger als die Philosophen und Theologen sich das vorgestellt haben. Der Fehler lag im Denken von Sokrates. Er war überzeugt, dass das Verstehen der Idee des Guten ausreicht, um Gutes zu tun und gut zu werden. Was man den bösen Naturen verordnen soll, wäre das Gute und das Wahre, ähnlich dem Medikament beim Kranken. Diese ethische „Diagnose" hat sich bald im ganzen Abendland herumgesprochen und bis zum heutigen Tag glauben alle salbungsvoll an die angebliche Wirkung rationaler Aufklärung.

Jedoch, im griechischen, antiken Asketentum pflegte man die Erziehung von allen Strebungen der niederen Natur, man war intensiv mit der Unterwerfung aller niedrigen Gefühle und Emotionen beschäftigt und an ihrer

Stelle pflanzte man emsig Tugenden. Christlicherseits wurde erst in den Klöstern die Erziehung der niederen Natur berücksichtigt, obwohl das Primat weiterhin auf der Bildung des Verstandes lag.

Unsere Behauptung, die sich durch alle Themen dieses Buches wie ein roter Faden hinzieht, lautet: Die seit zweitausend Jahren vernachlässigte Erziehung der emotionalen Natur und die fortschreitende Bevorzugung der Verstandesbildung ist für die wichtigsten kriegerischen Katastrophen verantwortlich, und nun kann sie sogar die Menschheit vernichten und alle Spuren unserer Natur tilgen.

Kapitel 1   <u>Die willkommene Welt?</u>

Das Weltbild der Bibel hat Jahrhunderte lang die Erkenntnis leitenden Interessen im Abendland bestimmt. Heute ist der Umgang mit der Welt praktisch bestimmt und von irdischen Werten geweckt. Durch das Zulassen der Triebe und irrationaler Gefühle, die das Ich bestimmen, kommt es zu einer globalen Verweltlichung des Bewusstseins. Der irrationale Teil der menschlichen Natur hat einen unmittelbaren Zugang zu der Entscheidungszentrale im Inneren des Menschen und immer deutlicher entmachtet er den Kulturmenschen. Die Alten, besonders die religiösen Hoffnungsentwürfe, werden aus dem irdischen Bewusstsein systematisch verdrängt. Der Glaube an das wahre Leben, das erst danach und nur von oben kommt, von oben, weil von unten – von der Triebnatur - nur der Tod zu erwarten ist, motiviert kaum noch jemanden zu einer Unterwerfung irdischer Wunschnatur. Der neue Wilde, der ohne Quarantäne in das Gewühl der Welt hinaus geschleudert wird, infiziert vom Virus seiner niederen Natur, setzt die Regel der geistigen Evolution außer Kraft. Die neuen, gebildeten Barbaren, sitzen heute an den Schaltstellen der Zivilisation und betreiben intensiv die Auflösung der gebürtigen Kultur.

a) In der Welt der Bibel war Jahwe
der einzige Beweger aller Ursachen. Ohne seine Hand konnte nichts im Guten und Bösen geschehen. Gutes und Böses kamen alleine von Ihm. Schicksalsschlag, Leid und Tod gingen auf Ihn zurück. Wer von negativen Mächten betroffen wurde, sollte die Ursache für sein Leid nicht bei Gott, sondern bei sich selbst suchen. Das

Unglück und Leid sollte den Menschen zur Überprüfung ihres Verhaltens zu Gott führen, und zur Buße verpflichten. Böse Taten gehen vom Menschen und die Bestrafung geht immer nur von Gott aus. Die üblen Taten ziehen schicksalsbewirkende Antworten nach sich. Das war das Weltbild der Bibel bis zum Weisheitsbuch von *Kohelet.*

Gegen dieses Welt- und Gottesverständnis rückt Kohelet vor. Er bezweifelt die Anwesenheit Gottes in der Geschichte und im aktuellen Weltgeschehen. Alles, was in der Welt geschieht, wäre nichts anderes als ein sinnloser Kreislauf, ohne einen gerechten Abschluss, ohne eine gerechte Güterverteilung. Die gepriesene Liebe zu Menschen, seine Gerechtigkeit und all seine Versprechen wären nichts als „*Windhauch*".

Auch dieses Weltbild gehört zum Alten Testament. Darum wollen wir es uns kurz aus der Nähe anschauen:

Nichts auf dieser Erde kann den Menschen befriedigen. Die Ursache dafür liegt darin, dass nicht alles an ihm von dieser Welt stammt. Diese Welt ist des Menschen nicht würdig! Darum; nur das Erdhafte an ihm geht zu Erde. Das Göttliche an ihm geht zu Gott. Das Buch *Deuteronomium* verspricht dem Gerechten ein langes Leben. Kohelet dagegen sieht im Alter die Angst vor dem Tod und die Träume von der Jugend. Die Gewissheit des Todes vertreibt jeder Freude; Gerechtigkeit waltet nirgends: „*Dem Guten ergeht es, wie dem Sünder, dem Schwörenden ebenso, wie dem, der den Schwur scheut. Die Lust zum Bösen wächst und Verblendung ihren Geist erfasst*" (Koh., 2- 3); Über Reichtum, Geld und Besitz, irdisches Glück findet Kohelet satirische Worte. Nichts davon bringt dem Menschen einen Vorteil. Gefahren machen keinen Bogen um ihn herum, Krankheiten ist er immer ausgesetzt und ist er gestorben, dann geht er genau so nackt davon, wie er gekommen war, viel Wissen – viel Ärger: wer das Können mehrt, der mehrt die Sorgen...

„*Es gibt keinen Vorteil unter der Sonne.*" (Koh., 1, 18)

Kohelet schildert die Vergänglichkeit des Lebens und aller seiner Mühen. Alle Werte, die er anstrebt, seine eigenen Anstrengungen glücklich zu sein, aber auch seine Einsichten – sind trügerisch, weil er selbst im Schlund der Zeit vernichtet wird. Er versichert: „*Was geschehen ist, wird wieder geschehen, und was man getan hat, wird man wieder tun. Es gibt nichts Neues unter der Sonne.*" (Koh. 1, 9)

„*Ich beobachte alle Taten, die unter der Sonne getan wurden. Das Ergebnis: Alles ist Windhauch und Luftgespinst.*" (Koh. 1, 14)

Kohelet sieht auch keinen Unterschied zwischen Tier und einem Menschen: „*Tiere unterliegen dem Geschick. Wie diese sterben, so sterben jene. Beide haben ein und denselben Atem. Einen Vorteil des Menschen gegenüber dem Tier gibt es nicht. Beide gehen an ein und denselben Ort. Beide sind aus Staub entstanden, beide kehren zum Staub zurück.*" (Koh. 3, 19 – 20)

„*Besser eine Handvoll und Ruhe, als beide Hände voll und Arbeit und Luftgespinst.*" (Koh. 4, 6) Alles Arbeiten des Menschen ist für den Rachen des Totenreiches; und dessen Schlund wird niemals voll. „*Denn, was hat der Gebildete dem Ungebildeten voraus, was nutzt es dem Armen, auch wenn er etwas kann, noch unter den Lebenden zu weilen?*" (Koh. 6, 7 – 8)

„*... Todes als der Tag einer Geburt... Das Herz der*

Gebildeten ist im Haus wo man trauert, das Herz der Ungebildeten im Haus, wo man sich freut." (Koh. 7, 4)
„Es gibt gesetzestreue Menschen, denen es so ergeht, als hätten sie wie Gesetzesbrecher gehandelt und es gibt Gesetzesbrecher, denen es so ergeht, als hätten sie wie Gesetzestreue gehandelt." (Koh 8, 14)
Gott als Gefahr für das Leben.

Zur Welt der Bibel gehören die Krankheiten als Folge der Sünde. Die Psalmen wiederholen immer wieder das Seufzen zu Gott ihre Sünden zu vergeben, damit sie geheilt werden. Hier kurze Beispiele: *„Herr, sei mir gnädig, heile mich; denn ich habe gegen Dich gesündigt."* (Ps. 41). Für das Volk war nicht nur die Natur und die Menschen eine Gefahr für das Leben. Auch Gott selbst bedrohte jeden Israeliten. Seine Strafen und Züchtigungen schienen unausweichlich, weil jeder unter der Schuld stand. Viele Psalmen zeigen die Gegenwart als Folge der schuldschwangeren Vergangenheit. So auch der Psalm 39:

„Nimm Deine Plage von mir! Unter der Wucht Deiner Hand vergehe ich.
Du strafst und züchtigst den Mann wegen seiner Schuld, du zerstörst seine Anmut wie Motten das Kleid, ein Hauch nur ist jeder Mensch... Wende dein strafendes Auge ab von mir, so dass ich heiter blicken kann, bevor ich dahin fahre und nicht mehr da bin."

Zerstörerisches Element im Verhalten Jahwes zur Natur.
1. Ps. 29: *„Die Stimme des Herrn zerbricht die Zedern, der Herr zerschmettert die Zedern des Libanon.*
Er lässt den Libanon hüpfen wie ein Kalb wie einen Wildstier den Sirion.

16

Die Stimme des Herrn sprüht flammendes Feuer,
Die Stimme des Herrn lässt die Wüste beben, beben
Lässt der Herr die Wüste von Kadesch.“
2. Job 9, 5 – 7: „*Er versetzt Berge, sie merken es nicht,*
dass er in seinem Zorn sie umstürzt.
Er erschüttert die Erde an ihrem Ort,
so dass ihre Säulen erzittern.
Er spricht zur Sonne, so dass sie nicht strahlt,
er versiegelt die Sterne“
3. Is. 45, 7: „*Ich erschaffe das Licht*
und mache das Dunkel,
ich bewirke das Heil und erschaffe das Unheil.
Ich bin der Herr, der das alles vollbringt. “
4. Ps. 105, 28 – 31: „ *Er sandte Finsternis,*
da wurde es dunkel;
doch achteten sie nicht auf sein Wort.
Er verwandelte Ihre Gewässer in Blut
Und ließ ihre Fische sterben.
Ihr Land wimmelte von Fröschen
Bis hinein in den Palast des Königs.
Er gebot, da kamen Schwärme von Fliegen
Und von Stechmücken über das ganze Land.“

Die Hoffnung auf Bewältigung der Welt und die Gelassenheit im Weltlichen, haben die Hebräer durch den Tempel zu Jerusalem geschöpft. Im Wirrwarr der prophetischen Drohungen, der apokalyptischen Visionen und der endzeitlichen Katastrophen, stand im Zentrum des Denkens die endgültige Zerschlagung der Welt. Anders als bei den Griechen, die die Welt als einen Ordnungsorganismus verstanden, war die Welt der Bibel eine Großarena für das Walten von Jahwe. Welt ist hier

Privateigentum Gottes und der Raum für seine Aktivität. Parallel zum anfänglichen Optimismus in dem Jahwe mit seiner Schöpfung zufrieden war, wurde die gereifte Welt der Bibel zum Ort der Unheilsgeschichten. Die pessimistische Weltschau hat über die spätjüdische Apokalyptik bis in die christliche Theologie von Paulus und Johannes und später über Augustinus bis in die Neuzeit gedauert.

b) Die Welt im Neuen Testament.
1. Leben unter der Bedrohung des Bösen.

Die Prophezeiung eines kurz bevorstehenden Weltendes hat sich nicht erfüllt. Die Verderbtheit und Bosheit der Menschen hat sich um die Christen herum intensiviert. Die Anhänger der neuen Religion sahen den Grund für die wachsende Verbosung in Ablehnung der Frohen Botschaft durch die Menschen. Infolge der damit verbundenen Schuld wären sie der Fremdherrschaft Satans verfallen, der ihre Verderbtheit mit Legionen von Teufeln anfachte. So sahen die Christen die Welt böser und verderbter, als die Juden ihre eigene. Die Christen lebten in der sehnsüchtigen Erwartung des „Letzten Tages" an dem der Weltexistenz ein Ende gesetzt wird. In dieser geistigen Lage gab es unter den Christen keine bedeutenden Anstrengungen zur Verbesserung der bestehenden Lebenswelt. Wozu eine bessere Welt aufbauen, wenn sich Gott selbst dieser Aufgabe gestellt hat und zuerst die böse, alte Welt zerstören wird? Er wird Spreu vom Weizen trennen und alle bösen Geister und verdorbenen Menschen ins ewige Feuer werfen. Die „Neue Welt" wird ein Reich Gottes sein und alle bösen Mächte werden für immer in die Hölle geschickt.

Wie Juden im Alten Testament, glaubten auch die

Christen, dass alle Krankheiten und Gebrechen zu den charakteristischen Symptomen dämonischer Besessenheit gehören. Er, wie Jesus Krankheiten heilt, hat die Macht über die Dämonen erreicht. Auch darum warten sie sehnsüchtig auf das Wiederkommen Christi. Die Ablösung der Satansherrschaft lässt jedoch bis heute auf sich warten und die Verderbtheit der Menschen nimmt seit über zwei Tausend Jahren kontinuierlich zu.

2. Johannes erklärt den Weltcharakter.
Die Welt wurde von Gott erschaffen und sie bleibt sein Eigentum. Durch die Sünde kam Finsternis auf die Menschen herab. Christus durchbrach die Dunkelheit und erleuchtete die Welt. *„Als Jesus ein andermal zu ihnen redete, sagte er: „Ich bin das Licht der Welt. Wer mir nachfolgt, wird nicht in der Finsternis umhergehen, sondern wird das Licht des Lebens haben."* (Joh 8, 12) *„Das Licht kam in die Welt und die Menschen liebten Finsternis mehr als das Licht; denn ihre Taten waren böse. Jeder, der Böses tut, hasst das Licht und kommt nicht zum Licht."* (Joh 3, 19-20) Wer Böses im Sinne hat, strebt nicht nach erhellender Weisheit und sucht nicht nach Erhellung seines Geistes.
    Für Johannes ist die Ursache allen Unheils in der Welt der Teufel. Menschen, die Jesus nicht als Sohn Gottes anerkennen, haben den Teufel zum Vater: *„Ihr habt den Teufel zum Vater und ihr wollt das tun, wonach es eurem Vater verlangt. Er war ein Mörder von Anfang an und er steht nicht in der Wahrheit, denn es ist keine Wahrheit in ihm. Wenn er lügt, sagt er das, was aus ihm selbst kommt, denn er ist ein Lügner und ist der Vater der Lüge."* (Joh 8, 44);

„Jetzt wird Gericht gehalten über diese Welt. Jetzt wird der Herrscher dieser Welt hinausgeworfen werden." (Joh 12, 31)

Durch die Sünden der Menschen wurde der Teufel zum Herrscher über die Menschheit. Jeder Einzelne, der durch seine Sünde von Gott abgefallen ist, bleibt nicht frei im Bereich seines Willens, sondern fällt unter die Macht des Bösen.

Johannes warnt vor den Lügenpropheten: *„Liebe Brüder, traut nicht jedem Geist, sondern prüft die Geister, ob sie aus Gott sind; denn viele falsche Propheten sind in die Welt hinausgezogen. Daran erkennt ihr den Geist Gottes. Jeder Geist, der bekennt Jesus Christus, sei in Fleisch und Blut, ist aus Gott. Und jeder Geist, der Jesus nicht bekennt, ist nicht aus Gott. Das ist der Geist des Antichrist, über den ihr gehört habt, dass er kommt. Jetzt ist er schon in der Welt."* (Joh 4, 1-3)

Die falschen Propheten, auch wenn sie sich äußerlich auf die Schriften berufen, kommen vom Geist der Welt, vom Geist der Lüge und dienen dem Teufel.

„Viele Verführer sind in die Welt hinausgegangen: Sie bekennen nicht, dass Jesus Christus im Fleisch gekommen ist. Das ist der Verführer und der Antichrist. Achtet auf euch, damit ihr nicht preisgebt, was wir erarbeitet haben, sondern damit ihr den vollen Lohn empfängt." (2 Joh 7-8)

Wer sich wundert, dass Gott seine Gebete nicht erhören will, soll die Worte von Johannes überlegen: *„Gott erhört einen Sünder nicht."* (Joh 9, 11)

Es gibt Menschen, die es vorziehen, nicht aus der Wahrheit zu sein. Auch aus Gott wollen sie nicht sein.

Sie ziehen es vor, aus der Welt, „von unten" zu sein: *„Wer die Sünde tut, stammt vom Teufel, denn der Teufel sündigt von Anfang an. Daran kann man die Kinder Gottes und die Kinder des Teufels erkennen. Jeder, der die Gerechtigkeit nicht tut und seinen Bruder nicht liebt, ist nicht aus Gott."* (1 Joh 3, 8-10);

„Wir wissen, dass wir aus Gott sind und die Welt liegt ganz im Bösen." (1Joh 5, 19)

Die Welt bei Johannes:

Der Begriff „Welt" bezieht sich auf verschiedene Inhalte: er kann das Weltall oder nur die Erde meinen, die gesamte Menschheit oder die Menschen, die Gott ablehnen. In dieser Bedeutung bezeichnet der Begriff nur diese Menschen, die die Christen ablehnen und verfolgen: Der Begriff „diese Welt" bezieht sich auf die Welt unter der Gewalt Satans. Dagegen die „kommende Welt" entspricht dem Begriff des „ewigen" Lebens. Die Christen sind nicht „von dieser Welt" bedeutet also, sie wären nicht von der Welt, die vom Bösen beherrscht ist. Wenn er also schreibt, die ganze Welt steht unter der Macht des Bösen (1 Joh 5, 19), meint er diese Welt.

In der modernen Redensart der Christen setzt sich immer mehr der Ausdruck „Diese eine Welt" durch. Er appelliert an die Bereitschaft der Christen an einer kommenden irdischen Welt zu arbeit, in der es keine Kriege, keine Gewalt, keine religiös motivierten Konflikte mehr gibt. Eine Welt des Friedens, in der alle glücklich, gebildet und satt leben können. Biblisch ist diese Vision kaum begründet.

3. Die Welt nach Paulus

...ist vor und nach Christus voller Unheil. Die Menschen haben Gott „aus seiner unsichtbaren Wirklichkeit an den Werken der Schöpfung mit der Vernunft wahrgenommen", ihn jedoch nicht geehrt und ihm nicht gedankt. Ihr Himmel wurde verfinstert, sie „beten das Geschöpf an" und unterlagen widernatürlichen Strebungen. Ihr „verworfenes Denken" sorgte für weitere Verwirrungen. Durch die Abwendung von Gott ist die Menschenwelt *„voll Ungerechtigkeit, Schlechtigkeit, Habgier und Bosheit, voll Neid, Mord, Streit, List und Tücken, sie verleumden und treiben üble Nachrede, sie hassen Gott, sind überheblich und hochmütig, prahlerisch, erfinderisch im Bösen und ungehorsam gegen die Eltern, sie sind unverständig und haltlos, ohne Liebe und Erbarmen."* (Röm 1, 29-31). Im Röm 3, 10-18, zitiert Paulus Verse aus den Psalmen und den Propheten Jeseia: *„Es gibt keinen, der gerecht ist, auch nicht einen; es gibt keinen Verständigen, keinen der Gott sucht. Alle sind abtrünnig geworden, alle miteinander taugen nichts, keiner tut Gutes, auch nicht ein einziger* (Ps 14, 1-3). *Ihre Kehle ist ein offenes Grab, mit ihrer Zunge betrügen sie; Schlangengift ist auf ihren Lippen"* (Ps 140, 4). *Ihr Mund ist voll Fluch und Gehässigkeit* (Ps 10, 17); *Schnell sind sie dabei Blut zu vergießen; Verderben und Unheil sind auf ihren Wegen, und den Weg des Friedens kennen sie nicht* (Jes. 59, 7-8); *Die Gottesfurcht steht ihnen nicht vor Augen* (Ps 36, 2).

Die Welt hat ihre „Weisheit" die vor Gott Torheit ist: *„Denn die Weisheit dieser Welt ist Torheit vor Gott."* An einer anderen Stelle schreibt Paulus: *„Der Herr kennt die Gedanken der Weisen; er weiß, sie sind nichtig. Daher soll sich niemand eines Menschen rühmen."* (1 Kor 3, 19-21);

*„Die Schöpfung ist der Vergänglichkeit unterworfen...
Die Schöpfung soll von Sklaverei und Verlorenheit
befreit werden."* (Röm 8, 20 –21); Wegen der Sünde teilt
die ganze Schöpfung das Schicksal des Menschen. Sie
wurde von Gott verflucht und ist im Zustand der Ver-
zehrtheit.

Nach Paulus ist die Welt das Abbild dessen, was die
Menschheit versklavt, bedrückt und bedroht. Sogar die
Weisen der Welt sind vor Gott nichtig. Alles auf der Welt
ist der Vergänglichkeit unterworfen. In der fleischli-
chen Versuchung sieht Paulus (1 Kor 7, 5) das Werk von
Satan, wie auch in jeder unbarmherzigen Härte.

4. Jesus als Exorzist
*„Wenn ich die Dämonen durch Belzebub austreibe, durch
wen treiben dann eure Anhänger sie aus? Wenn ich aber
die Dämonen durch den Geist Gottes austreibe, dann ist
das Reich Gottes schon zu euch gekommen."*
(Mat 12, 27-28).

Auch einige umherziehende jüdische Beschwörer versuchten, den Namen Jesu, des Herren, über den von
bösen Geistern Besessenen auszurufen, in dem sie
sagten: *„Ich beschwöre euch bei Jesus, den Paulus
verkündet!"* (Apg 19, 13).

Das Austreiben der Dämonen war besonders in Ephesus verbreitet. Dazu benutzten die Magier alte Rituale
und Texte, die spezialisierten Schulen vermittelt waren.
Im beschriebenen Fall sind die Dämonen im Kranken
geblieben, weil die sieben Magier sich zwar auf Jesus
beziehen, sie waren jedoch keine Christen. Die bösen
Geister haben die Beschwörer körperlich arg misshandelt
und der Vorfall wurde in ganz Ephesus bekannt. Die

übrigen Magier haben ihre Zauberbücher öffentlich verbrannt.

Jesus hat unter dem Volk eine größere Berühmtheit als der erfolgreiche Exorzist erreicht. Er tat es jedoch nicht aus niedrigen Gründen, sondern als Zeichen des gekommenen Reiches Gottes. Wie wir bereits darauf hingewiesen haben, war im Judentum jede Krankheit eine Strafe Gottes, weil sie die Folge der Sünde war.

Damit war jeder Kranke ein Sünder und hat sich durch seine Sünde dem Dämon selbst ausgeliefert. Die Dämonen zogen in den Sünder ein und bewohnten ihn. Dadurch veränderten sie seinen Leib und sein Gemüt. Die Krankheit wurde auch äußerlich sichtbar. Die Kunst des Austreibens der Dämonen setzte somit voraus, dass der Exorzist zuerst bei Gott die Vergebung der Sünden des Kranken bewirken musste und erst im zweiten Schritt, die bösen Geister austreiben vermochte.

5. Die christliche Weltverachtung.

„Die Welt wurde von Gott erschaffen, aber regiert wird sie vom Teufel. Er genießt die Welt. Auch die Menschen wurden von Gott erschaffen. Er hat sie jedoch nicht zum Weltgenuss gestimmt, weil Weltgenuss eine Sünde ist und Sünde hat Gott nicht erschaffen."

(En 141, 15 PL 37, 1841f.)

In den Werken von *Augustinus* treffen wir auf unzählige Ermahnungen zur Flucht aus der Welt und Äußerungen seiner Weltverachtung (contemptus mundi). Er schreibt:

„Die Welt ist böse, weil die Menschen böse sind. Sie ziehen die Welt Gott vor." (Sem. 96, 5 Pl 38, 587)

Die christliche Weltverachtung augustinischer Prägung

überlebte bis zum zweiten Vatikanischen Konzil. Von Kirchentheologen wird sie bis heute behutsam zur Welt-bejahung umgeschrieben. Nicht so einfach ist das Unter-nehmen mit den Schriften des Neuen Testaments, die sehr deutlich die Welt ablehnen.

Unter dem Begriff *Welt* wird unter den christlichen Mystikern, Theologen und Philosophen nicht nur die Erde, das materielle Universum und der irdische Mensch verstanden. Auch, und vor allem, zum Begriff „Welt" gehört der geistige Himmel, der in Sphären zunehmender Seligkeit bis zu der rein göttlichen Präsens aufsteigt. Ihr entspricht die gegenteilige Abstufung der Hölle in Sphä-ren vermehrter Leiden. Im Leben auf der Erde ging es alleine um das Erbringen der himmlischen Reife für das ewige Leben mit Gott. Die Bösen dagegen reifen für das ewige Feuer der Hölle.

c) Erschuf Teufel den Körper?

Der selbsternannte Messias und Christus, *Mani* (215 – 276), verbreitete die Lehre, dass Gott den Menschen mit Seele versah und der Teufel mit dem Körper! Es war nicht nur Augustinus, der in seiner manihäischen Ent-wicklungsphase daran glaubte. In manchen asketischen Kreisen war das Bewusstsein an eine teuflische Natur des Körpers bis in die spätere Zeit des Mittelalters lebendig. Was sich die auf Heiligkeit ausgerichteten Mönche vorstellten, haben die rohen Körperinstinkte schnell wieder irdisch korrigiert. Die Crux aller Asketen war das sexuelle Begehren. Die Kastrationen waren so verbreitet, dass die Kirche diese Selbstverstümmelung verboten hat und jedem Kastrierten das Priesteramt verweigerte. Die Wüstenmönche, besonders in der Syrischen Wüste, haben

haben sich jedoch darum wenig gekümmert. Die Körperfeindlichkeit ergoss sich über die Schriften von Augustinus und seiner Anhänger auf den ganzen christlichen Raum. Der Sinn der Körperlichkeit ist vielen geistig Strebenden bis heute ein Rätsel. Die Erlösung von der belastenden Körperlichkeit ist auch im hinduistischen und buddhistischen Raum ein innigst gewünschter Zustand. Auch wenn hier Kastrationen unbekannt sind, bildet die Körperlichkeit eine schwere Belastung.

Das philosophisch-religiöse Denksystem von *Buddha* lässt sich – grob verkürzt – auf drei Leitgedanken zurückführen:

1. Alles, was entstanden ist, muss vergehen;
2. Dem Vergänglichen niemals verhaftet sein;
3. Für seine Erlösung ist jeder selbst verantwortlich: Gott hilft ihm nicht!

Das Entstandene – und dazu gehört der Körper – hat keine eigene Dauer und ist darum dem Zeitfluss ausgesetzt. Die Zeit löst das Entstandene alleine auf. Das Verhaftetsein an zeitliche Objekte, z. B. an den Körper, ist ein sinnloses Unterfangen, genauso wie das Begehren selbst. Die Erkenntniskraft des Menschen reicht jedem Individuum aus, um diesen Zustand der Welt zu erkennen. Nach der Lehre Buddhas sollte jeder seiner Erkenntnis folgen und sich von der Welt abwenden. Die Hindus und Buddhisten sind seit tausenden Jahren überzeugt, dass die inneren eigenen Kräfte ausreichen, um das Begehren nach innen zu lenken und das körperliche Weltbegehren umzuwandeln. Das Christentum zählt noch heute auf die Gnade Gottes, sich von der bösen und vergänglichen Welt abzuwenden. Dass heute mehr als früher die Massen von den Weltbegehren gefesselt sind, und die Attraktivität der Welt im Vergleich zu früher wesentlich angestiegen ist, geht auf die Wirkung von losgelassenen, unbeherrschten, irrationalen Trieben und Gemütsbewegungen zurück.

Um sich dem Ziel der eigenen Vollendung näher zu bringen, ist heute, genau so wie vor Jahrtausenden, ein äußerst radikaler Prozess der Entwicklung nötig. Die grausamen Leiden Buddhas vor der Erleuchtung, die Passion Christi vor seiner Himmelfahrt, die hunderttausendfachen Martyrien der Jünger Christi in der Verfolgungszeit und das Leben christlicher Bekenner in den Friedenszeiten, wären ohne die Trennung von der Welt nicht möglich.

Trotz der klaren Aussagen in den Offenbarungstexten, versuchen die christlichen Theologen heute mit einer billigen Philosophie der Weltzuwendung, ihre Gläubigen zu überfluten. Die alten asketischen Zeiten wären nicht mehr erforderlich. Die sich ausbreitende Orientierungslosigkeit als Folge der Auflösung der Tradition, wird zusätzlich von der Einflussnahme der Gefühle auf das Ich unterstützt. Das emotionale Leben will sich wieder ohne Restriktionen und Kontrollen frei entfalten. Durch die neue Welle der Weltzuwendung profitiert vor allem der laizistische Raum der Zivilisation. Auf die Vergänglichkeit von allem Bestehenden, auf das psychische Gift der Gier, reagieren die Religionen nicht mehr. Wer die gegenwärtige politische Lage in bestimmten Regionen der Welt beobachtet, bekommt das Gefühl und den Verdacht, dass der Körper vielleicht doch noch vom Teufel kommt. Die Suchenden kommen zurück auf den uralten Weg der Selbsterkenntnis, der jenseits aller Dogmen, zur Entdeckung der Göttlichkeit in der Tiefe des eigenen Wesens führt und jeden äußeren Glauben ersetzt.

Die auf einmal auch von allen Kritikern lieb gewordene Welt ist bei näherem Betrachten ein riesiger Friedhof für alle menschlichen Körper. Hier legt der Geist seinen Körper ab. Wir werden nicht in den Hallen des Todes geboren, um ein sinnlich glückliches Leben zu führen, oder vom Tod anderer zu profitieren. Alle, die vor uns dem blinden Lebensinstinkt folgten, zerfallen hier zu Staub. Jeder, der durch die Geburt hierher abgelegt wurde, um zu wachsen und gedeihen, wird nicht mehr begnadigt. Das Sterben und der Tod ist jedem auf Erden sicher.

Die Notwendigkeit des Loslassens – auch von dieser Perspektive - ist notwendig, weil wir als der innere Mensch gar nicht inkarniert sind. Wir erleben das Geschehen als Zeuge und nicht als Beteiligter. Darum bemühen wir uns, mit gebührender Distanz zum irdischen Leben zu stehen und unbelastet warten wir auf das einzig wahre, kommende Leben in den geistigen Welten.

Die volle, längst perfekt ausgebildete Sinnenwahrnehmnung, werden wir erst nach der Trennung vom stofflichen Körper bewundern können. Sie gehören zu der inneren Ausstattung unseres Geistes. Im Vergleich zu der wahren Quelle des Sehens und Hörens im Geiste ist unser körperliches Sehen und Hören eher eine Blindheit und Taubheit. Dieser Zustand betrifft unsere gesamte Wahrnehmung. Bereits der starke Wille zum universalen Hören und Sehen wirkt verstärkend auf das Sinnvermögen. Mit der weiteren, erhofften Evolution des Lebens werden auch die Sinne immer weiter vervollkommnet. Auch die Seele in ihrem körperlosen Zustand, benutzt die Sinne in ihren Welten und erweitert ihre Tauglichkeit für künftige Aufgaben.

Zum Bereich des christlichen Glaubens gehört die körperliche Umwandlung zum Glorienkörper am Ende der Weltzeit. Die Umwandlung wäre als Folge eines Gnadenprozesses zu verstehen und ginge auf die Erlösung durch Christus zurück. Der zweite, der Neukörper, wäre unsterblich, dem Entstehen und Vergehen nicht mehr preisgegeben. Die Vorstellungsschwierigkeit in dieser Vision liegt im Fehlen der zeitlichen Koordinate und der unvorstellbaren Menge der Menschen, die aus allen Zeiten und Kulturen auf einmal auferweckt wären. Jemand hat das Geschehen einmal rechnerisch verfolgt und kam zu dem Schluss, dass auf der ganzen Erde mit ihren Ozeanen und Meeren, eine vierzig Meter hohe Schicht von Menschen, die auf den Schultern der unter ihnen stehen würden, entstanden wäre. Die vom Tode Erweckten wären zunächst noch in ihrem alten, materiellen Körper zum Gericht erschienen und erst nach dem Richterspruch würde ein Teil der Körper zu Glorienkörpern umgewandelt und der sündige Teil der Wiedererweckten Höllenkörper bekommen, um in ihnen zu leiden.

Das islamische Programm für die Endzeit wäre mit gleichen Schwierigkeiten belastet. Die globale Auferstehung aller Menschen zum Gericht ist körperlich zu verstehen und dafür gibt es keinen Platz. Auf Erden, keinen Platz für die Hölle und keinen Platz für das neue Paradies. Die versprochene Erschaffung einer neuen Erde, wäre auch für Gott, der für die Gläubigen die Quelle der Rationalität ist, ein schwieriges Problem Die „neue Erde" kann von der alten Erde nicht viel anders sein, weil die neuen Körper weiterhin physikalische Eigenschaften behalten würden.

Anerkennungschancen hätte dagegen die uralte Lehre der Weissung und Goldung, die in meinen Werken dargestellt wurde. Der geweisste Körper wäre nicht mehr an die Erde gebunden und auch nicht an Raum- und Zeitgesetze. Die Anwesenheit des Menschen auf Erden ist in dieser Anschauung keine Strafe für begangene Sünden, sondern eine selbst gewählte Zeit für die Erschaffung eines transzendenten Glorienkörpers.

Die hinduistischen und buddhistischen Theorien der Erleuchtung wären bei Annahme der Weissung als Ziel und Sinn menschlicher Existenz, nicht ausreichend. Den Erleuchteten fehlt immer noch das umgewandelte Erdeelement (der Körper), um die Gleichheit mit der Gottheit zu verwirklichen. Mehr darüber in meinen früheren Werken.

d) Die Welt verbessern?

Dem Glauben nach gehört die christlich verstandene Welt zum Herrschaftsbereich des Bösen. Darin liegt die Begründung für die Weltflucht der Gläubigen. Von der Welt angezogen fühlen sich dagegen alle, die eine innere Weltverwandtschaft spüren – die Bösen! Seit Jahrzehnten versuchen nun die Theologen ihr Weltverständnis zu modernisieren. Diese Schritte lassen sich jedoch kaum mit den Aussagen des Neuen Testaments, besonders mit Johannes und Paulus begründen. Die Welt kann alleine unter der Voraussetzung besser werden, wenn die niedere Natur des Menschen, im Geiste alter christlicher Askese, erzogen werden würde. Die Umformulierungen und Umdeutungen der Schriften wirken alleine auf die Vernunft und können damit niemals die Quelle des Bösen im Menschen erreichen – seine irrationale Natur.

Die paulinisch-augustinische Weltinterpretation bliebe weiterhin in Kraft. Eine emotional und ethisch erzogene Menschheit könnte das Weltbild verbessern, indem sie Gutes täte und die irrationalen Kräfte an das Gute binden würde. Damit wäre jedoch die moderne, rationale Vernunft überfordert.

1. Der Mensch als geschichtliches Wesen.
Die Vertreter dieser Denkschule halten die Analysen der angeblich ewigen Natur des Menschen, die religiöse oder transzendentale Bestimmung seines Lebens und überhaupt das Bleibende, der Zeit nicht ausgesetzte „Wesen" des Menschen, für unbeweisbar.

Bis zu seiner klaren Artikulation, ging der Begriff der Geschichtlichkeit über den deutschen Idealismus, die Lebensphilosophie, über die Phänomenologie und die Exstenzphilosophie. Das Ergebnis der über ein Jahrhundert anhaltenden Reflexion gipfelte in der Erkenntnis, dass sich der Mensch in seinem transzendentalen Selbstverständnis als ein Wesen der geschichtlichen Prozesse erfährt, dass er also nicht im zeitlosen Schöpfungsakt als ein fertiges Wesen entstand, sondern im langen Prozess der geschichtlichen Entwicklung und im Ringen um sein Überleben kämpfen musste, um das zu werden, was er heute ist.

Die Geschichtlichkeit des Menschen als Theorie seiner Entstehung, war gegen das Ewige in ihm und gegen die Erkenntnisse über seine unzeitliche Natur gerichtet. Der Mensch wäre nicht das Ergebnis eines einmaligen Schöpfungsaktes. Sein Körper, seine Emotionen und seine Mentalität, entstanden in langen Zeiten der Evolution. Mit dieser Theorie wollte der Mensch seine privilegierte

Stellung in der materiellen Welt verlieren und gleichzeitig auch mehr Verantwortung für das Schicksal der Welt übernehmen.

Der Hinduismus bekannte sich zu Verstandesbildung, zur Schulung des Denkens und – wie andere Bildungssysteme vor ihm – vernachlässigte er die Erziehung und Integration der niederen irrationalen Natur. Der in manchen seiner Systeme explizit formulierte Richtungsoptimismus auf Fortschritt – z. B. im Marxismus und amerikanischen Kapitalismus, war eine Verstandestäuschung durch die niedere Natur im Menschen.

2. Sinnloses Dahinleben?
Solange die Menschen ihrem Leben kein objektives, aus der Bestimmung ihrer Natur deduziertes Ziel setzen, leben sie sinnlos dahin. Die Welt als Totalität aller entstandenen Dinge, kommt für alle, die den Griff der Zivilisation als Freiheit verstehen, immer näher an ihren Geist heran. Davon profitiert jedoch alleine der Vitaltrieb. Von der Erdnähe hält er sich am Leben. Das Schwergewicht der Existenz verlagert sich von bewusster Lebensführung auf das endgültige Lebensziel hin, auf Befriedigung der Konsumbedürfnisse, auf verfeinerte Genusssucht, auf rücksichtsloses Profitstreben.

Nach der falsch verbrauchten Lebensenergie, welche Vorteile bleiben dann noch einem Menschen, der seine materielle Existenz abschließt? Auf den Übergang von Zeitlichkeit zu Dauer und von Räumlichkeit zu Unbegrenztheit, ist er überhaupt nicht vorbereitet. Der Menschheit vergangener Zeiten und Zivilisationen war die Vorbereitung auf diesen Übergang das wichtigste Ziel des Lebens. Die eigentliche Tiefe des wirklichen

32

Seins ist im Inneren des Menschen verborgen. Um sie zu betreten, ließen sich die Menschen schulen, dafür lebten sie. Das ganze Diesseits war die Vorbereitung auf das Jenseits. Hat sich seit dieser Zeit unsere Natur verändert? Sind wir wesensmäßig zu einer anderen Spezies mutiert? Hat uns mit dem Einzug der modernen Vernunft, der Sinn für die Ewigkeit verlassen? Oder haben die „Modernen" ihre Hand nicht dem Himmel, sondern dem Übel gereicht?

3. Der Welt misstrauen?
Diese Devise hält sich über Jahrhunderte im Abendland hindurch. Gibt es in der Gegenwart Anlässe, die uns zum Umdenken in dieser Frage bewegen würden? Können wir beispielsweise zum Einkaufen fahren, ohne unser Auto am Parkplatz zu verschließen? Können wir jeden in unser Haus einlassen, der an der Türe klingelt? Dürfen wir alles kaufen und verzehren, was uns die Nahrungs-mittelindustrie anbietet? Dürfen wir alle Medikamente herunterschlucken, die uns der Hausarzt verordnet hat? Und – um gesund zu bleiben – dürfen wir solange vor dem Fernseher sitzen bleiben, bis uns der Schlaf über-rollt? Meine Bekannte hatte einen Mann in ihre Woh-nung hineingelassen, der ausgewiesen Spenden für Afrika sammelte. Sie wurde misshandelt, gefesselt und ihr Geld und ihr Schmuck sind anschließend mit dem Täter mitgegangen. Dass die Nahrungsmittelindustrie zum Feind Nr. 1 der Gesundheit herabgesunken ist, sin-gen alle Spatzen von den Dächern. Und noch die Medi-kamente: sogar die Arzneispezialisten, Pharmazeuten, halten viele der verschreibungspflichtigen Medikamente für die Ursache des Niedergangs der Volksgesundheit.

Und warum wird die Jugend nicht überzeugend genug vor der Gefahr einer Sucht gewarnt und zum suchtfreien Leben erzogen?

Dafür jedoch, dass wir uns vertrauensvoll der Gefahr der Welt aussetzen, ist wiederum die ausgefallene Arbeit an der Erziehung der niederen Natur verantwortlich. Zu den Strebungen nach Lustquellen der Welt können die meisten Menschen immer noch nicht „Nein" sagen, obwohl sie oft gut gebildet und ausgebildet sind. Von selbst wird jedoch das falsche Streben in uns nicht stürzen. Das Vorherrschen des Misstrauens gegenüber der Welt macht uns vorsichtiger und resistenter auf dem Weg in die Heimat. Jedoch, ohne die Arbeit an der Unterordnung der niederen Natur, wird die Welt uns letztlich besiegen.

4. Dienstfunktion der Gefühle.

In den Grenzen der unterworfenen Elemente der unteren tierischen Natur, kommt der Welt eine Dienstfunktion gegenüber der geistigen Natur des Menschen zu. Bleibt dagegen der Geist unterentwickelt und die Triebnatur übermächtig, steuert auch der Mensch auf eine Katastrophe zu. Der Reifegrad der Beherrschung der inneren irrationalen Natur widerspiegelt sich im Weltverständnis des Menschen, in seiner Zu- und Abneigung zur Welt. Es sei noch bemerkt, dass die Welt niemals ohne die Selbstreform des Geistes zum Guten umgewandelt werden kann. Es ist das böse Herz, das erzogen und zum Guten umgewandelt werden soll. Das Herz wandelt sich in dem Maße, wie die untere Natur in die höhere integriert wird.

Nicht aus den Dingen der Welt kommt die Gefahr des

Bösen. Sie kommt aus dem unbeherrschten Begehren und der Ignoranz der Folgen. Darum kann auch die Verbesserung der Dinge der Welt durch Wirtschaft und Technik die Lage der Welt nicht ändern. Die Menschen wollen nicht lernen, sich systematisch zu bessern. Hat es dann in dieser Lage, überhaupt einen Sinn, an die Vergangenheit erinnert zu werden? Auch mit einem schlechten Gewissen, werden die Menschen nicht besser. Auf Warnungen aus der Vergangenheit will niemand mehr hören.

Die Naturwissenschaft hat die Erkenntnis der materiellen Welt bis an die Grenzen des Möglichen gebracht. Davon profitiert jedoch die materielle Zivilisation mit ihren verschiedenen Arten technischer Artefakte. Von der wahren Erkenntnis der Welt sind die Menschen jedoch weiter entfernt als noch vor tausend Jahren. Die äußere Welt ist mit dem menschlichen Körper vergleichbar. Der Körper bekommt erst dann seinen Sinn, wenn er dem inneren Menschen, dem er auch gehört, zugeordnet wird. Die äußere, materielle Welt gehört der inneren, unsichtbaren Welt, die das materielle Universum im Sein erhält. Diese älteste Sicht der Welt glänzt mit Abwesenheit in der Naturwissenschaft.

Die kontinuierliche Weltverschlechterung geht auf die Weigerung der Menschen zurück, die eigene niedere Natur zu veredeln. Dem technischen und wissenschaftlichen Genius fehlt jede Qualifikation, das Werk der Verbesserung der menschlichen Natur zu vollbringen. Auch ein idealer Roboter wäre kein besserer Mensch.

Kapitel 2 Die Versuchung des irdischen Lebens

a) Vier Stufen der Existenz.
In seiner Ganzheit, die das Selbst, den Geist, die Seele und den Leib umfasst, integriert der Mensch alle vier Existenzsphären, die das Seiende umfasst. Weil er an allen Existenzbereichen beteiligt ist, hat er eine natur-gegebene Erkenntnis der Gesamtwirklichkeit. Wenn er in sich gesammelt ist, hat er den Zugang zum gesamten Sein, zu allen Wesen und Welten. Wer nicht in sich ruht, wird auch in der Gesamtwelt nicht ruhen können. Zu der materiellen Welt der Sinne gehört die unablässige Wand-lung. Das Identischbleiben mit sich selbst, verdankt der Mensch seinen höheren Existenzstufen. Wie bereits er-wähnt leben wir nicht nur in der wandelbaren, materiel-len Welt. Gleichwohl leben wir in der Welt der fein-stofflichen Wesen, in der mentalen Welt der Engel und in der Welt Gottes. Die irdische Welt ist die niedrigste, die isolierteste und eher ist sie als Straflager, denn ein Lebensort zu betrachten.

Ist der Akzent der Wahrnehmung alleine auf die Leiblichkeit eingeschränkt, ist der Mensch vom aktiven Sichbesitzen, vom Für- und Beisichsein, von seiner Iden-tität meilenweit entfernt. In den religiösen Schulen der antiken Zeit war die Selbsterkenntnis mit Gotterkenntnis gleichgestellt und sie begann mit dem meditativen Ein-dringen in die Innerlichkeit. Ohne die eingeschulte Zurückbezogenheit auf das Innere, können wir das eigene intime Wesen nicht erkennen. Wir waren bei der Welt, bei unserem Leib, bei unseren Gefühlen und Gedanken und somit für uns selbst fremd. Es geschieht so, obwohl das Lebendige in sich wesensmäßig gelockert ist. Durch die anerzogene, verkürzte und damit falsche Identität, setzen die Menschen ihr wahres Sein mit dem Körper gleich und verfehlen die Wahrheit über sich selbst und den Sinn des Lebens. Obwohl sie von der Gegenwart, der astralen, mentalen und rein göttlichen Welt umgeben sind, bleiben sie von der raumzeitlichen, schwindenden Gegenwart eingeschlossen. Sie sind auf Besitz und Haben fixiert, besitzen sich selbst jedoch nicht. Sie gehören der Sinnenwelt und teilen ihr Schicksal.

Weil wir durch den Besitz des materiellen Körpers, der astralen Seele, des mentalen Geistes und des göttlichen Selbstes allen Seinsreichen angehören, kann sich der Mensch in allen vier Seinsreichen heimisch fühlen. Eine vollständige Selbsterkenntnis mündet in Gotterkenntnis. Die Energien, aus denen die Welten entstehen, unterscheiden sich voneinander durch ihren Feinheitsgrad, d. h. durch die zunehmende Verdichtung. Der Mensch kann sich allen Feinheitsgraden anpassen. Dafür hat er vor allem den Mentalkörper, der das Subjekt schützt, gleichzeitig kann er sich jeder Seinssphäre anpassen und sie betreten. Für die darunter liegende Seelenwelt (die Astralwelt) hat er die Seele, die beispielsweise alle Reiche der Naturwesen betreten darf. Für die rein göttliche Welt haben die Menschen das Selbst - den Funken reiner Göttlichkeit, der sich auf das ganze Universum ausdehnen kann.

Aus dieser Erfahrung heraus, die jedem, der meditiert und übt, zugänglich ist, scheint die Zurückführung des Lebens auf biologische Prozesse ein primitiver Scherz zu sein.

b) Die Thesen zum Lebensbegriff.

Das Leben, wie die äußere Natur und die Zivilisation uns darbieten, kann zwar mit Leiden ertragen werden, den Menschen jedoch nicht zufrieden stellen. Die biologisch-psychische Struktur des Menschen als Sitz der Triebe, irdischer Strebungen, diesseitiger Gefühle und Emotionen, bietet ein Leben der Körperlichkeit an und ist eher mehr ein Sklavendasein, als eine freie Existenz zu betrachten. Ein Leben aus dem Geist, aus der Vernunft und des aufgeklärten Verstandes, ist ohne die Anbindung der niederen Natur dauerhaft nicht durchsetzbar. Wie ein Tornado kann die Gewalt der niederen Natur, die Kulturlandschaften in kürzester Zeit verwüsten. Der Gewaltausbruch kann im Kreise einer Familie, oder einer Schule ausbrechen, aber auch ganze Nationen erfassen. Den Anforderungen des Lebens unter dem Joch der modernen Zivilisation ist der Mensch nicht gewachsen. Die Fähigkeit zur Rückkehr in die Gründe des eigenen Seins wird nicht mehr praktiziert. Bereits Thomas von Aquin hat das Problem in neutraler Feststellung geschildert:

„Sensus sistit cirea exteriora accidentia rei, intellectus vero penetrat usque ad rei essentiam"
(S. Theol. 12 q 31 a 5)

„Die Sinneswahrnehmung bliebt an der Oberfläche, der Verstand durchdringt die Oberfläche, hindurch bis zu dem Wesen. "

Um dem eigenen geistigen Aufbau auf den Grund zu kommen und seine innere Ordnung herauszustellen, reicht der psychologische Verstand nicht. Den Tiefgang zu sich selbst bietet die Meditation und die Metaphysik an. Das Rückwärtsgehen bis zum Grund der eigenen Natur – soll – mindestens am Anfang – unter der Führung eines bereits erschlossenen Menschen stattfinden.

c) Die Lebensphilosophie der Bibel.

1. Ps 18, 47: *„Es lebt der Herr! Mein Fels sei gepriesen!"*

Das Leben ist die Eigenschaft Gottes. Gott kann nicht aufhören zu sein; er existiert ohne Anfang und ohne Ende. Die Zeit erreicht ihn nicht.

2. Ps 36, 10: *„Bei dir ist die Quelle des Lebens, in deinem Licht schauen wir das Licht."*

Das Buch der Sprichwörter (13, 14) sieht im Christus die *„Quelle des Lebens". „Die Lehre der Weisen ist ein Lebensquell, um den Schlingen des Todes zu entgehen."* Und weiter: *„Wer Verstand besitzt, dem ist er ein Lebensquell, die Strafe der Toren ist die Torheit selbst."* (16, 22). Auch 198, 4 nimmt Bezug auf den Ursprung. *„Tiefe Wasser sind die Worte aus dem Munde eines Menschen, ein sprudelnder Bach, eine Quelle der Weisheit."*

Die „Quelle des Lebens" ist Gott selbst und die in Christus inkarnierte Weisheit. Wenn sie auf den Menschen übergeht, sind auch seine Lehrworte die Quelle der Weisheit und somit des Lebens. Im Psalm 104 wird die Ehrfurcht bewundert, dass Gott alles, jedes Existierende ins Dasein berufen hat: *„Sendest du deinen Geist aus, so werden alle Geschöpfe erschaffen und du erneuerst das Antlitz des Erde."* (Ps 104, 30)

3. Dem Odem Gottes verdanken alle Geschöpfe das Leben:

„So spricht der Herr, der den Himmel erschaffen und ausgespannt hat, der die Erde gemacht hat und alles, was auf ihr wächst, der den Menschen auf der Erde den Atem verleiht, und allen, die auf ihr leben, den Geist." (Is 42, 5)

4. Gott ist der Herr über das Leben und Tod:

„Der Herr macht tot und lebendig, er führt zum Totenreich hinab und führt auch herauf." (1. Sam. 2, 6)

„Wer wüsste nicht bei alledem, dass die Hand des Herrn dich gemacht hat? In seiner Hand ruht die Seele allen Lebens und jeden Menschenleibes Geist." (Jjob 12, 9 – 10)

„Ich bin es, der tötet und lebendig macht. Ich habe verwundet; nur ich werde heilen. Niemand kann retten, wonach meine Hand gegriffen hat." (Dt 32, 39)

Wenn alles Leben von Gott kommt, bedeutet es gleichzeitig, dass der Tod, jede Krankheit und Verwundung sein Werk ist. Niemand kann trösten, niemand kann heilen, niemand kann zum Leben erwecken, außer Gott. Wenn Gott nicht hilft, ist jeder menschliche Heilversuch zum Scheitern verurteilt. Bei jeder Krankheit und Verletzung ist die Hilfe Gottes notwendig.

5. Gott segnet das Leben der Menschen durch „Länge der Tage", und durch „gute Tage":

„Leben erbat er von dir, du gabst es ihm viele Tage für immer und ewig." (Ps 21, 5) *„Weil er an mir hängt, will ich ihn retten, ich will ihn schützen, denn er kennt meinen Namen."* (Ps 91, 14)

„Tu deinem Knecht Gutes, erhalte mich am Leben." (Ps 119, 17); *„Wende meine Augen ab von eitlen Dingen; durch dein Wort belebe mich!"* (Ps 119, 37); *„Dein Erbarmen komme über mich, damit ich lebe"* (Ps 119, 77); *„In deiner großen Huld lass mich leben"* (Ps 119, 68); *„Schütze mich, damit ich lebe, wie du es verheißen hast. Lass mich in meiner Hoffnung nicht scheitern."* (Ps 119, 116); *„Höre auf meine Stimme in meiner Huld, belebe mich Herr durch deine Entscheide"* (Ps 119, 159);

„Alle, die deine Entscheide lieben, empfangen Heil und Fülle, es trifft sie kein Unheil" (Ps 119 165);

„Um deines Namens Willen, Herr, erhalte mich am Leben, führe mich heraus aus der Not in deine Gerechtigkeit." (Ps 143, 11)

Nachdem das Leben im Paradies durch den Ungehorsam der Menschen beendet wurde, haben sie die Schwere und die Mühen des irdischen Lebens erfahren. Zum Schutz vor Gefahren und dem Tode brauchen sie den Beistand Gottes. Die Hoffnung auf Überwindung des Todes für alle, erwächst erst in der Spätzeit in Israel, obwohl es bereits frühzeitig Entrückungen gegeben hat, die auf Todesüberwindung hindeuten:

„Henoch war seinen Weg mit Gott gegangen, dann war er nicht mehr da; denn Gott hatte ihn aufgenommen." (Gen 5, 24)

Ben Sirach hat die Entrückung kurz beschrieben:

„Henoch ging seinen Weg mit dem Herrn und wurde entrückt, ein Beispiel der Gotteserkenntnis für alle Zeiten." (Sir 44, 16)

Auch die Entrückung von **Elias** hat Sirach erwähnt:

„Du wurdest im Wirbelsturm nach oben entrückt, in Feuermassen himmelwärts." (Sir 48, 8 – 9)

Detailliert wird die Entrückung Elias in 2 Könige 2, 1 -18 beschrieben.

Im Psalm 19, 16 wird die Hoffnung auf Gott gerichtet, den Betenden aus der Scheol loszukaufen.

„Doch Gott wird mich loskaufen aus dem Reich des Todes, ja er nimmt mich auf."

Der fromme Israelit kann sich nicht vorstellen, dass Gott es zulassen will, dass am Ende der Zeiten, das Los eines Sünders mit dem Los eines Gerechten gleich ausgehen soll. Auch der Autor vom Psalm 16 kann sich in seiner Liebe zum Herrn nicht vorstellen, dass er im Grab enden soll:

„Darum freut sich mein Herz und frohlockt meine Seele, auch mein Leib wird wohnen, in Sicherheit. Denn du gibst mich nicht der Unterwelt preis; Du lässt deinen Frommen das Grab nicht schauen. Du zeigst mir den Pfad zum Leben." (Ps 16, 9 – 10)

Das erste und zweite Buch Makkabäer liefert das direkte Zeugnis vom Glauben an die Auferstehung:

„Als er in den letzten Zügen lag, sagte er: Du Unmensch! Du nimmst uns dieses Leben; aber der König der Welt wird uns zu einem neuen ewigen Leben auferwecken, weil wir für seine Gesetze gestorben sind." (2 Makk 7, 9)

Das Weiterleben in der Scheol war für die Hebräer keineswegs begehrenswert. Leben hat nur dann einen Wert, wenn es von Gott erfüllt wird, in Gesundheit und Glück verbracht werden darf. Leben kommt alleine von Gott, weil Gott das Leben ist. Ohne ihn würde nichts existieren. Er ist auch der Richter über das Leben. Er gibt es, aber er nimmt es wieder zurück. Auch die Lebensqualität, die Länge des Lebens und aller Lebenswerte hängen von Gott ab. Wenn Gott will, kann er auch den Tod verhindern und einen leiblichen Menschen für ewig in sein Reich entrücken.

d) Der Lebensbegriff im Neuen Testament.
Die Unsterblichkeit des Lebens wurde in der griechischen Philosophie alleine der Seele zugesprochen. Einen unsterblichen Körper hätten alleine die heldenhaften Söhne der Götter, aber niemals die Menschen. Die Juden

des alten Testaments glaubten an eine unsterbliche, ewige Seele nicht, an eine Seele, die seinsmäßig stärker wäre als der Leib.

Die griechische Unsterblichkeitsidee ist auch in den Schriften des Alten Testaments eingedrungen und findet sich in den Makkabäer Büchern, bei Daniel und dem Weisheitsbuch von ben Sirach vertreten.

Die ersten Verteidiger des christlichen Glaubens haben sich mit der theoretischen Unsterblichkeit kaum beschäftigt, weil sie ihr Bewusstsein auf das Kommen Christi eingestellt haben und erwarteten das baldige Weltende. Das Ausbleiben des Weltgerichts und die wachsende Desorientierung in Glaubenssachen, lenkten das Interesse der Theologen auf die Notwendigkeit der Abgrenzung von falschen Lehren und selbst ernannten Propheten. Weil die theoretischen Glaubensvertreter in der Bildungstradition der griechisch-römischen Philosophie aufwuchsen, brachten sie in ihren christlichen Glauben bestimmte Vorstellungen aus ihrer eigenen Bildung mit. Darunter vor allem die Überzeugung von der Unsterblichkeit der Seele. Später war Augustinus der einflussreichste Vertreter dieser Lehre und hat sie auch in seinen Werken in einmaliger Weise, überzeugend dargeboten.

Im Zentrum der Verkündigung von Christus steht jedoch nicht die Unsterblichkeit der Seele, sondern das eintretende Reich Gottes – die Gottherrschaft. Das eintretende, neue Leben in einem Glorienkörper, der ewig ist, macht das bestehende Leben mit seiner Jagd nach irdischen Gütern zur Torheit.

1. *„Auf den Feldern eines reichen Mannes stand eine gute Ernte. Da überlegte er hin und her: Was soll ich tun? Ich weiß nicht, wo ich meine Ernte unterbringen* *soll. Schließlich sagte er: So will ich es machen: Ich werde meine Scheunen abreißen und größere bauen; Dort werde ich mein ganzes Getreide und meine Vorräte unterbringen. Dann kann ich zu mir selbst sagen: Nun hast du einen großen Vorrat, der für viele Jahre reicht. Ruhe dich aus, iss und trink und freu dich des Lebens! Da sprach Gott zu ihm: Du Narr! Noch in dieser Nacht wird man dein Leben von dir zurückfordern. Wem wird dann das alles gehören, was du angehäuft hast? So geht es jedem, der nur für sich selbst Schätze sammelt, aber vor Gott nicht reich ist."* (Lu 12, 16 – 21)

2. *„Gebt acht, hütet euch vor jeder Art von Habgier. Denn der Sinn des Lebens besteht nicht darin, dass ein Mensch aufgrund seines großen Vermögens im Überfluss lebt."* (Lu 12, 15)

3. *„Sorgt euch nicht um euer Leben, und darum, dass ihr etwas anzuziehen habt. Das Leben ist wichtiger als die Nahrung und der Leib wichtiger als die Kleidung."* (Lu 12, 22 – 23)

Die Gefahren des Reichtums sind Gegenstand vieler Aussagen im Neuen Testament. Das Leben hat einen überirdischen Sinn, der alleine durch Beschäftigung mit irdischen Dingen unerreichbar ist. Die Lenkung der Aufmerksamkeit auf das Diesseits des Lebens, verhindert die Ausführung jenseitiger Pflichten. Hinter dem Streben nach Reichtum und Lebensgenuss stehen emotionale Kräfte, Energien der niederen Natur, die das höhere Denken ausblenden.

4. Nach dem Tode und der Auferstehung von Christus hat sich für Paulus der Lebenssinn eines jeden Menschen wesenhaft verändert. Zwar wird die Veränderung erst nach der Auferstehung von den Toten sichtbar, aber bereits jetzt schon wohnt der Auferstandene durch das Pneuma in jedem Gläubigen:

1) *„Jetzt, da ihr aus der Macht der Sünde befreit und zu Sklaven Gottes geworden seid, habt ihr einen Gewinn, der zu eurer Heilung führt und das ewige Leben bringt."* (Röm 6, 21)

2) *„Wie es also durch die Übertretung des einen der Tod zur Herrschaft gekommen durch diesen einen, so werden es recht alle, denen die Gnade und Gabe der Gerechtigkeit reichlich zuteil wurde, leben und herrschen durch den einen Jesus Christus."* (Röm 5, 17)

3) *„Wenn also jemand in Christus ist, dann ist er eine neue Schöpfung: Das Alte ist vergangen, Neues ist geworden."* (2 Kor 5, 17)

4) *"Gott aber, der voll Erbarmen ist, hat uns, die wir infolge unserer Sünden tot waren, in seiner großen Liebe, mit der er uns geliebt hat, zusammen mit Christus wieder lebendig gemacht. Aus Gnade seid ihr gerettet. Er hat uns mit Christus auferweckt und uns zusammen mit ihm einen Platz im Himmel gegeben."* (Eph 2, 5 – 6)

5) *„Wenn Christus, unser Leben, offenbar wird, dann werdet auch ihr mit ihm offenbar werden in Herrlichkeit. Darum tötet, was irdisch an euch ist: Die Unzucht, die Schamlosigkeit, die Leidenschaft, die bösen Begierden und die Habsucht, die ein Götzendienst ist. All das zieht den Zorn Gottes nach sich... Jetzt aber sollt ihr das alles ablegen: Zorn, Wut und Bosheit; auch Läuterung und Zoten sollen nicht mehr über eure Lippen kommen."* (Kol 3, 4 – 8)

Die Grundzüge paulinischer Botschaft an die christliche Menschheit lässt sich in einem Satz zusammenfassen: *„Tötet, was irdisch in euch ist!"* Paulus versteht sehr wohl, dass alleine ein christliches Denken, die „christliche Rationalität", vollkommen unzureichend ist, wenn die niedere Natur in Form der Begierden, Leiden-schaften und Habsucht das Bewusstsein zu überschwem-men droht. Er sagt: „Jetzt sollt ihr alles ablegen." „Jetzt" bedeutet sofort – nicht später! Um im gegenwärtigen Jetzt auch für die weitreichende Zukunft zu entscheiden, muss der Geist über seine volle Kapazität verfügen, er muss bis aufs äußerste gesammelt werden, muss durch die Kraft der Ewigkeit in sich selbst entscheiden können.

Das Irdische zu töten, bedeutet es für alle Zeiten zu entwurzeln, es bedeutet, das irdische Denken zu vernich-ten, irdische Gefühle auszureißen, die Schwächen für das Irdische vernichten. Als Menschen sind wir nicht von dieser Welt, wir gehören der himmlischen Welt, darum können wir hier nicht säen und nicht ernten. Paulus verlangt einen lückenlosen Verzicht auf das Irdische, eine radikale Umkehr zum Christus und seinem Reich.

Lebensidee bei Johannes.
Für Johannes steht unerschütterlich fest: Das Leben kommt aus einer einzigen Quelle und zwar von Oben – vom Gott! Unten – in der Welt – herrscht der Tod! Gottvater übertrug das Leben auf seinen Sohn:
1) Der Lebenslogos ist Christus:
„In ihm war das Leben und das Leben war das Licht der Menschen." (Jo 1, 4)

„Das verkünden wir: das Wort des Lebens. Denn das Leben wurde offenbart: Wir haben gesehen und bezeugen und verkünden euch, das ewige Leben, das beim Vater war und uns offenbart wurde." (1 Jo 1, 1 – 2)

2) Christus ist das Leben in Person:
„Ich bin die Auferstehung und das Leben. Wer an mich glaubt, wird leben, auch wenn er stirbt und jeder der lebt und an mich glaubt, wird auf ewig nicht sterben."
(Jo 11, 25 – 26)
„Ich bin der Weg und die Wahrheit und das Leben; niemand kommt zum Vater außer durch mich." (Jo 14, 6)
„Denn wie der Vater das Licht in sich hat, so hat er auch dem Sohn gegeben, das Leben in sich zu haben."
(Jo 5, 26)
„Amen, Amen ich sage euch: Wer mein Wort hört und dem glaubt, der mich gesandt hat, hat das ewige Leben: er kommt nicht ins Gericht, sondern ist aus dem Tod ins Leben hinüber gegangen." (Jo 5, 24)
3) Liebt einander.
„Das ist mein Gebot: liebet einander, so wie ich euch geliebt habe... Dann wird euch der Vater alles geben, um was ihr ihn in meinem Namen bittet." (Jo 15, 12 – 16)
4) Christen brechen mit der Sünde:
„Daran kann man die Kinder Gottes und die Kinder des Teufels erkennen. Jeder, der die Gerechtigkeit nicht tut und seinen Bruder nicht liebt, ist nicht aus Gott." (1 Jo 3, 10)
5) Christen hüten sich vor dem Antichristen und der Welt:
„Prüft die Geister, ob aus Gott sind: denn viele falsche Propheten sind in die Welt hinausgezogen. Daran erkennt ihr den Geist Gottes: Jeder, der bekennt, Jesus Christus sei im Fleisch geboren, ist aus Gott. Und jeder Geist, der Jesus Christus nicht bekennt, ist nicht aus Gott. Das ist der Geist des Antichrists." (1 Jo 4, 1 – 3)
   Der Lebensbegriff bei Johannes ist nicht alleine auf

das biologische Leben eines Menschen bezogen. Die Gesetze der biologischen Existenz bleiben auch nach dem Kommen Christi weiterhin in Kraft. Dieses biologische Leben ist zeitlich begrenzt und endet mit dem Körpertod. Johannes spricht vom *„ewigen Leben"*, d. h. von einer substanziellen Stärkung der Existenz, die aus sich selbst auf die Zeitangriffe resistent ist. Eine Existenz also, die allem, was unter ihrem Begriff steht, die ewige Dauer verleiht. Damit sich auch diese Hoffnung erfüllt, wird vor allem die Existenzart des Körpers substanziell verändert. Er wird an den Geist angeglichen, bekommt eine spirituelle Natur und die biologischen Bedürfnisse werden von ihm abfallen. Im Vergleich zu der griechischen Philosophie ist der Zugang zu körperlicher Unsterblichkeit für alle, die an Christus glauben und nach seiner Lehre leben, neu an der christlichen Hoffnung. Das Leben in einem ewigen Glorienkörper ist zwar ein Geschenk Gottes, das jedoch verdient werden muss. Dazu gehört vor allem der Verzicht auf alle Formen der Weltlichkeit und Sündhaftigkeit des Lebens.

e) Die Existenz als Rückkehr zu sich selbst.
Die Daseinseigentümlichkeiten, wie die Innerlichkeit, das Sichbesitzen und das Beisichsein, ergeben sich aus dem Wesen des Menschen, sobald er die Existenz empfangen hat. Der Akt der Existenz verleiht zuerst der Individualität ihr Hervortreten ins Dasein. Durch diesen Vorgang ist der Mensch keine Idee mehr, keine abstrakte Wesenheit, sondern ein konkretes, im Hier und Jetzt existierendes Subjekt.

Die Folge der Existenzverleihung ist die Intimität und die Innerlichkeit. In seiner vollen Ausgestaltung ist das aktive Selbstbesitzen das Ergebnis der Reifung und des Wachstums in sich selbst hinein – ein nach innen Gerichtet- und Gesammeltsein. Dieser Eigenschaft folgt die Fähigkeit sich zu lieben und über sich die anderen und Gott.

Die Rückkehr zu sich selbst hat mit Egoismus nichts zu tun. Auf Grund des Gerichtetseins auf sich selbst – auf das individuelle Wesen, sein Ziel auf Erden und seinen Sinn im Leben, sind moralische Entscheidungen möglich, darunter auch in Richtung auf Egozentrik. Die Egozentrik ist jedoch keine Folge der Individualität und ihrer Niederlassung im Wesen. Wer sich selbst besitzt, kann sein Wohin vollkommen kontrollieren und Strebungen unterbinden, die mit seinem inneren Sein kollidieren würden.

Der Sinn dieser kurzen Reflektion: erst ein Mensch, der zu sich gekehrt ist und seine Kräfte erkannt und beherrscht hat, besitzt sich vollkommen und wird seiner Eigenart entsprechend tätig sein.

Weil in der aktuellen Weltlage die Erziehung zur Rückkehr zu sich selbst, zur Selbstbestimmung im Vollbewusstsein seiner Naturziele, keineswegs in den Bildungsprogrammen repräsentiert ist, werden auch die wesensmäßigen Kräfte seiner wahren Natur nicht zum Gegenstand des Wissens und des Handelns. Die Lebensziele und der Lebenssinn werden den Menschen nach der Lage der ökonomischen Bedürfnisse der Zivilisation vermittelt. Sein innerer Vorteil wird nicht berücksichtigt.

Dem Menschen fehlt das Wissen von sich selbst, von seinem Protestpotenzial und von seinem Lebenssinn. Der Egoismus springt in die Lücke.

Wer sich selbst besitzt und nicht mehr der Welt oder

der Zivilisation gehört, wer also auch seine Willensfreiheit von innerer Nötigung, von weltlichen Strebungen, Gefühlen und Stimmungen errungen hat, erkämpfte ein klares Bewusstsein seiner Zugehörigkeit: er ist auf die Transzendenz ausgerichtet.

Die Energie, die es dem Einzelwesen möglich macht, in seiner Welt zu erscheinen, wird Existenz genannt. Eine Vorstellung von 100 €uro zum Beispiel, auch wenn sie in jedem Detail dem Original entspricht, existiert nicht in der Realität, sondern in der Vorstellung. Käme jedoch der Akt der Existenz zu ihr hinzu, würde sich diese Vorstellung im gleichen Moment in der materiellen Welt manifestieren. Nach dem Wissen ist die Existenz das zweite konstituierende Prinzip.

Zur Aufgabe der Existenz gehört nicht die Organisation eines Wesens. Das Wesen muss in jeder Hinsicht bereits organisiert werden. Allein der Akt des Erscheinens in der Welt ist die Folge der Existenz. Darum ist auch der Entzug der Existenz nicht mit dem Auflösen des Wesens identisch. Das Wesen ist eine höhere Existenzart in der Welt der Möglichkeiten und Vorstellungen.

Eine ähnliche Frage kann dem Menschen gestellt werden, der seinen Körper aufgegeben hat. Nicht er ist tot, sondern sein Körper. Weil er sinngemäß nicht mehr in der raumzeitlichen Welt erscheinen kann, ohne den Akt einer materiellen Existenz, bedeutet das nicht, dass seiner Seele und seinem Geist, die seelische und geistige Existenzform entzogen wäre. Mit den äußeren Sinnen ist er nicht mehr wahrnehmbar, aber für die inneren Sinne ist er jetzt vollkommen präsent. Wären unsere materiellen Sinne entsprechend geschult, würden wir die Verstorbenen um uns herum sehen. Der physische Tod kann niemals den Menschen als Ganzes vernichten.

Zu bemerken wäre noch, dass unsere Seele, der Geist und das Selbst, keinen Existenzakt von außen benötigen. Nichts und niemand kann sie zerstören. Dieser Sachverhalt wird mit dem Begriff der Unsterblichkeit ausgedrückt.

f) Leben auf Kosten des Körpers.
Die Maßstäbe der Lebensführung sind nicht von den Köpfen anderer gesetzt. Wir dürfen nicht so leben, wie sich das die anderen vorstellen. Die Lebensführung gemäß den Köpfen anderer, führt immer zu einer Ablenkung des so verbrachten Lebens durch die eigene Natur. Das Lebensprogramm ist im Inneren unseres Wesens verborgen und dort wird auch der Lebenssinn bestimmt. Das innere Wesen hat sich bereits in urgrauen Zeiten für das Hervorbringen des Körpers entschieden, ihn zu vergeistigen und in seine Einheit zu integrieren. Der Mensch strebt seit Anfang der Zeit nach dem Besitz eines Körpers, der als unsterblicher Partner, zusammen mit der Seele, dem Geist und dem Selbst, in einer absoluten Einheit der vier Elemente (Körper=Erde; Seele=Wasser; Geist=Luft; Selbst=Feuer), die transzendente Seinsbühne betreten will. Unsere Evolution ist mit dem Kosmos in einem ganz anderen Sinne verbunden als sich das die Wissenschaft vorstellt. Auch die Religionen haben das Wissen über die Selbstbestimmung des Körpers immer noch nicht erworben. Hinduismus und Buddhismus bereiten sich nach der Erleuchtung und dem Tod des Körpers, auf die Auflösung in der Gottheit vor. Christentum und Islam glauben an die Erweckung des Körpers am Jüngsten Tag. Die sündenfrei Verstorbenen würden im neuen unsterblichen Körper weiterhin auf

einer dann veränderten Erde leben. Für die Religionen wäre der Körper der Hauptübeltäter, weil er den Menschen ständig zur Sünde antreibt, besonders gegen das sechste Gebot. Wer jedoch an die besondere Mission des Körpers im Prozess der Entstehung des unsterblichen Menschen im geistigen Evolutionsprozess glaubt und auch mit dem Wissen vom Körper in der Naturwissenschaft und Medizin vertraut ist, wird vor dem Körper Ehrfurcht bekommen, wird ihn respektieren und lieben. Er scheint das komplizierteste Phänomen der ganzen Schöpfung zu sein!

In christlicher Anschauung erschien der Körper als Verursacher aller Seelenleiden und Sünden. Er durfte nicht geliebt werden. In der modernen Zeit ist der Körper ein Leistungsträger. Wenn er das Maximum an gewünschter Arbeit nicht erbringt, wird er allen Repressalien unterworfen. Auch bei Krankheiten der Psyche wird er an erster Stelle mit giftigen Medikamenten „behandelt", weil die Naturwissenschaft die Psyche nicht als selbstständige Entität anerkennen will. Es gibt kaum noch jemanden, der bei Krankheitsausbruch sein Bewusstsein über seinen Körper hinausbringen kann. Die Ursachen für psychische Störungen liegen beim Verstand, der sich von Emotionen und niederen, irrationalen Kräften überrumpeln lässt.

Der arbeitstüchtige Mensch versinkt außerdem im Flugsand seiner Arbeit.

Der Hauptkiller des Körpers ist der Verstand. Er ist eingeengt durch sein vernachlässigtes Bewusstsein, durch die Flachheit seiner Lebensperspektiven, beherrscht von kurzfristigen Wünschen nach Trieberfüllung, Geldgewinn, Prestige etc. Heute sind die Menschen zu gegenseitigen Nachahmern geworden, sie sind keine authentischen Individuen, keine kraftvollen Neinsager mehr. Die gepflegte Liebe zum Körper würde ihnen, bei allen neurotischen Tendenzen, bei Frust, Überfütterung, Alkoholmissbrauch, Sexualisierung der Phantasie, bei Angeberei, der Erste sein wollen u. ä gezielt helfen.

Der Körper kommt in Ordnung und Harmonie, wenn er als Freund gewürdigt wird, wenn seine Bedürfnisse nach Ruhe, Stille und Frieden, nach Lob und Dankbarkeit, befriedigt werden. Die Probleme mit dem Körper beginnen ab diesem Moment, wo wir ihn nicht mögen, wenn wir Veränderungswünsche an ihn richten, wenn wir Schönheitschirurgen bemühen. Diese Einstellung führt zu Distanzierung, zu feindlicher Stimmungsmache gegen ihn. Wenn ich mir in der Praxis die Patientenklagen über ihren Körper anhöre, fällt mir immer die Unschuld ihrer Körper auf. Die Klagenden haben kein reales und wahres Bild von ihren Körpern. In jedem einzelnen Fall ist der Körper das Opfer des eigenen, falschen Bewusstseins, eines fehlerhaften Denkens und einer verirrten Selbstwahrnehmung. Die Körperideale der Medien/Mode überstrahlen die vorhandene wahre Wirklichkeit – die meistens viel größere Schätze birgt als die vorgesetzten Pseudoideale. Wofür die Menschen ihren Körpern täglich zu danken haben, ist eine aufopfernde Arbeit – bei Tag und Nacht – für das Ich! Sein sicheres Funktionieren auf abertausend Leistungsebenen – immer unterhalb von unserem Bewusstsein – ist ein unbegreifliches Mysterium.

Die Gesellschaft funktioniert offiziell nach den Gesetzen des Verstandes und der Logik. Dass der Verstand alle Kriege angezettelt hat und die ganze Menschheit binnen kürzester Zeit gründlich ausrotten kann und gegen negative Gefühle wie Hass, Neid, Wut, Eifersucht nicht immun ist, beweist zu Genüge seine Untauglichkeit, die Menschheit in eine bessere Zukunft zu führen. Auch ohne Katastrophen globaler Art ist jeder individuelle Verstand ein käuflicher Seelenführer. Zum Herzen hat er keinen Zugang, auch nicht zum Gemüt, zu den höheren Sinnen, zu Meditation.

g) Reichen wir dem Übel die Hand?

Seit uralten Zeiten glauben die Menschen an die geheimnisvolle Beziehung zwischen den destruktiven Kräften der Natur – auch der eigenen, menschlichen Natur – und der zentralen Leitung der Schöpfung. Man glaubt seit tausenden von Jahren an die negativen und positiven Zyklen im Leben eines Menschen. Beide stünden in Verbindung mit seinem Charakter, seiner Denkungsart und seiner Lebensführung. Der Volksmund sagt, dass das Übel kommt, wenn es gerufen wird. Bei Katastrophen bitten die Menschen nicht um ihre eigene Besserung, sondern um die Abwendung der Gefahr.

Nach einem uralten Glauben, der nicht nur auf die persische Religion zurückverfolgt werden kann, sondern fast an allen Orten der Welt bekannt war, oder immer noch ist, besteht zwischen der Schlechtigkeit des Menschen und dem Bösen eine direkte Anziehungskraft, die Leiden, Scheitern und den Tod bringen kann. Das Richten der Welt und der Menschen geschieht in täglichen, kleineren oder größeren Schritten, in Kriegen, Unfällen, Unwettern, Krankheiten und tausenden von Unglücksfällen. Die individuelle Endzeit ist jedem sicher, der die Erdkruste jemals berührt hat. Von der

Schicksalsmacht werden viele, wie das Unkraut auf dem Acker behandelt. Die destruktive Übermacht der Natur und der Welt korrespondiert mit unserem Leben, mit den menschlichen Strebungen und Gefühlen. Die niedere Natur im Menschen, steht mit der negativen Macht des uns umgebenden Universums in dauerhafter Verbindung. Dieser gedankliche Hintergrund stand bei den größten Asketen und Heiligen vergangener Zeiten als Motivationsanlass zur Reinigung der eigenen Natur.

Wenn die Menschen ihrem Wesen gemäß tätig wären, hätten sie auf Erden ein wahres Paradies. So lange, wie die Menschen jedoch aus der Perspektive des Ich denken und Entscheidungen treffen, bleibt die Erde ein Strafplanet für alle. Darum: Das Hauptziel der Erziehung und Selbsterziehung sollte auf das Herauswachsen aus dem egozentrischen Sein ausgerichtet werden. Die Verwandlung von äußerem Weltleben in das innere Wesensleben, würde auch die Gottentfremdung der Menschen auflösen. Das seit Jahrhunderten mit Recht diskutierte Allgemeinbewusstsein, würde durch die Assimilation der außermenschlichen Wirklichkeit, die den Hauptpunkt unseres Lebens besetzt, den Bruch zwischen weltlichen und überweltlichen Dimensionen heilen. Durch die lichtbringende Schau, würden sich in den Köpfen der Betreffenden, die Weltprobleme auflösen.

Ohne die Auflösung der irdischen Ichbezogenheit werden alle Reformversuche gesellschaftlicher und individueller Art mit Hilfe des Denkens, in der gleichen gut bekannten Enttäuschung enden. So lange das Denken nicht vom Wesen, sondern vom Ich kommt, arbeitet es gegen sich selbst. Die gesuchten Ordnungen sind nicht auf der spekulativen Seite der Vernunft zu haben.

56

h) Den Tod gibt es nicht!

Das Leben ist keine irdische Angelegenheit. Wir kamen lebend auf die irdische Welt und werden sie auch lebend verlassen. Weil wir die Erde besuchen wollten (oder mussten) haben wir unser irdisches „Kostüm" angezogen. Sobald die Aufgabe hier erledigt ist, übergeben wir unsere Verkleidung der Erde und unser strahlender Lichtträger bringt uns in die alte Heimat zurück. Den Tod kennen wir nicht und werden ihn auch niemals kennen. Die Trennung vom Leib hat den Namen „Tod" nicht verdient, weil das vom Leib Abgeschiedene, das Lebendige und Ewige ist und in ihm unser Ichbewusstsein wohnt. Ohne die Leibesschwere und ihre Isolationsfunktion, sind wir in der geistigen Lebenssphäre zurück, zu der wir nach dem transzendenten Geburtsrecht gehören. Wer jedoch in der „Annahme" des Körpers ein tieferes Schicksal vermutet, kann sich mit dem alchemistischen Gedankengut zur Weissung und Goldung des Leibes entscheiden und versuchen seinen Körper zum Geistkörper zu verwandeln und ihn für ewig mitzunehmen. Damit hätte der Mensch den endgültigen Sinn seiner Existenz erfüllt – den fehlenden Teil seiner Natur in die lebendige Einheit des Wesens integriert.

Sich selbst entdecken, sich selbst finden, sich selbst zum Gottwesen umzuwandeln, ist mit dem Finden der wahren Existenz gleichbedeutend. Wenn im Inneren alles ist, wonach die Menschheit seit ihrem Urbeginn sucht, brauchen wir nicht die Umwege über die Welt, sondern den direkten Weg zum eigenen Inneren.

Im Christentum war die Erleuchtung nur dann zögernd als echt anerkannt, wenn ihre Inhalte sich begrifflich mit Kirchenlehre deckten. Das Wahrheitskriterium einer

Erleuchtung lag niemals auf der Seite des betroffenen Individuums. Weil es für die Kirchen in der Erleuchtung nicht mehr geben kann, als in den kanonischen Büchern aufgeschrieben steht, war der Erleuchtete weniger geschätzt als im Osten. Dort ging es jedoch nicht alleine um Begriffe. Erleuchtung war und ist dort primär eine Bewusstseinsveränderung. Das Bewusstsein entledigt sich der Ichschranken und wird zum universalen, kosmischen Bewusstsein. Das Ichbezogene der Gedanken, der Emotionen und des Willens wird durch die Erleuchtung gelöscht. Der Erleuchtete ist in die grenzenlosen Welten des Geistes und des göttlichen Bewusstseins entlassen. Er wurde aus dem Schlaf der irdischen Existenz für alle Zeiten entlassen und ist zum Leben erweckt worden. Alle, die auf die Welt kommen, sind von einem Ziel geführt: Sie wollen das Leben im Ganzen verwirklichen – nicht nur in der angenommenen Körperform! Mit Hilfe des Körpers wollen sie die Seele, den Geist und das Selbst so vereinigen, dass alle vier Elemente der neuen Natur miteinander identisch werden.. Darum streben sie auch nicht danach, sich im universalen Bewusstsein aufzulösen. Sie wollen zu lebendiger Gottheit werden. Wer in diesem Bewusstsein lebt, zählt die körperliche Existenz nicht zum Leben. Es ist eher ein kontinuierliches Sterben, ein langsamer Tod des Körpers.

Um die Selbstführung innerlich zu ertasten, ist der Verzicht auf alles Augenscheinliche, auf Kurzwissen, auf Versprechen der Familie, Fremde, auf Medien und die meisten Bücher, notwendig. Die Führung kommt aus dem stillen Inneren. Der Weltrausch übertönt das zarte Flüstern aus der Tiefe.

Die untrügliche Stimme, die uns aus der Welt herausführen

will und uns an die wahre Lebensaufgabe hier unten erinnert, kommt aus dem Inneren. Wie wir uns im Körper umzuwandeln haben, wird leichter wahrnehmbar, wenn wir uns der Meditation bedienen, wie sie in diesem Buch geschildert wurde.

Auch die Zweifler, die alleine unter der materialistischen Sicht den Menschen betrachten, können nicht leugnen, dass den ganzen menschlichen Evolutionsprozess eine perfektionistische Kraft, ein Drang zu höherer Entwicklung durchströmt. Die Menschheit gelangt langsam an eine Stufe ihrer Entwicklung, an der sie selbst die Intention der Natur versteht und sie vehementer selbst beschleunigen kann.

Auch aus der Sicht der Religionen ist kein Geschöpf vollendet. Gott erschuf auch keine vollendeten himmlischen Engel. Die heutigen Teufel und Satane waren einmal in hohen Ämtern bei Gott. Sie alle befinden sich auf dem absteigenden Evolutionsweg. Aus dieser Sicht sind die geistigen Notwendigkeiten zur Verbesserung und Vervollkommnung des eigenen Wesens wichtiger, als alle körperlichen Notwendigkeiten. Sie bereiten das ewige Dasein der Menschen vor. Sie folgen der Intention seiner endgültigen Bestimmung. Das Leben hat einen transzendenten Charakter und ist in allen Seinssphären des Universums heimisch.

Im Kampf um das menschliche Richtigsein, können wir uns nicht auf die Triebnatur verlassen. Sie repräsentiert den hierarchisch letzten Teil der menschlichen Natur und ist alleine mit diesem Teil verwandt. Das Menschliche existiert jenseits der Triebe und Affekte. Darum mussten die Reformen der Psychoanalyse und ähnlicher Richtungen, das Schicksal der Menschen negativ verändern. Als

Energielieferant für den Geist, der die Körperschwere zu tragen hat, muss die Triebkraft von den Triebzielen abgelenkt und dem höheren Willen unterstellt werden. Durch den Geist transzendieren wir unsere Biologie bis zum Höhepunkt dieser Transzendenz im Werk der „Weissung". Darum gehen auch alle „Reformen" der religiösen Inhalte der letzten Jahrzehnte im Christentum, das eine bedingungslose Sterblichkeit des Menschen zu entdecken glaubt, auf die Entmachtung des geistigen Menschentums zurück.

Wer im Jenseits angekommen, einen grenzenlosen Neubeginn zu starten gedenkt, wird bitter enttäuscht. Nicht nur das gerade zu Ende gegangene irdische Leben holt uns hier ein. Auch die weite Vergangenheit von vor tausenden von Jahren will gebüßt werden. Den Schicksalsmächten entgeht nicht ein Komma. Einen unschuldigen Neubeginn gibt es nicht. Ein Neubeginn kann niemals mit rationalem Verstand bewerkstelligt werden. Alleine die Weissung wäre ein Neubeginn für alle Zeiten.

Kapitel 3 Überwindung der weltlichen Existenz mit der Koranlehre.

Der Blick in die Texte des *Koran*, den wir vielleicht für manche Leser ganz unerwartet in den Sinnkontext dieses Buches aufgenommen haben, erweitert die experimentelle Grundlage für unsere Beweisführung, dass die emotionale Sintflut nicht nur die christliche Religion mit ihrem Lebensprogramm nach den Diktaten der vernunftmäßigen Rationalität zum Sturz gebracht hat, sondern gleichermaßen auch den Islam. Die Bildung des Verstandes an den Korantexten, reicht genau so wenig aus, um nach den heiligen Idealen zu leben, wie in den christlichen Konventen. Die mit dem Verstand vermittelten Inhalte werden auch auf dem Koranfeld von den Schichten der plötzlichen Emotionalität in Sekundenschnelle weggefegt und eine irrationale Aufregungswelle bemächtigt sich des Ichs. Sie behält die Evidenz und sie diktiert das Tun und Lassen. Die professionelle Erziehung der niederen, irrationalen Natur, mit ihrer ganzen Primitivität und Brutalität, wird auch mit den pädagogischen Drohungen von Allah nicht zivilisiert.

a) Das irdische Leben als Versuchung zum Bösen.

Die materielle Sinnenwelt mit ihrer ganzen Herrlichkeit und ihren Wundern an Pflanzen und Tieren ist für die Menschen der Ort der Bewährung und Entscheidung. Wer an dieser Welt hängt, ihre Güter begehrt, sich in ihr heimisch fühlt oder sie für die einzige Welt der Menschen hält, hat die zweite Welt, die wahre Heimat der Menschen, nicht verdient. Die zweite Welt ist zwar der sinnlichen Wahrnehmung nicht zugänglich, weil sich ihre

Existenz in Raum und Zeit der jenseitigen Dimension erstreckt. Betreten kann sie jedoch der auferstandene Mensch, der durch Allah von den Toten erweckte, ein Mensch also, der von Gott zum zweiten Mal erschaffen wurde.

Die neue, jenseitige Welt hat wiederum zwei gänzlich verschiedene Seinsformen. Die erste jenseitige Welt hat einen Gefängnischarakter und wird alle die Menschen beherbergen, die auf der irdischen Welt Böses getan haben. Zum Bereich des bösen Tuns gehört prinzipiell der Unglaube an Gott, an die Existenz des Jenseits und an die Erweckung der Menschen nach dem Tode.

Die zweite jenseitige Welt entspricht den Vorstellungen vom Paradies und ist für die Gerechten vorbereitet. Für sie steht jede nur erdenkliche Glücksquelle zur Verfügung und hat einen Belohnungscharakter für gute Taten, für rechte Lebensführung und reine Gesinnung. Die paradiesische Welt kann der von den Toten erweckte Mensch niemals verlieren. Er lebt jenseits aller Versuchungen und Prüfungen, dem Bösen ist er nicht mehr ausgesetzt. Beide Welten – die Hölle und das Paradies – werden ewig dauern und Übergänge zwischen beiden sind ausgeschlossen.

Der *Prophet Mohammed* (570 – 632) offenbart im Koran die Bedingungen des künftigen Lebens in der paradiesischen und der höllischen Welt. Er konkretisiert den Begriff des Guten und Gerechten, sowie den Begriff des Bösen, das alle trifft, die Böses getan, gedacht, begehrt haben und dadurch der ewigen Bestrafung in der Hölle anheim fallen werden.

Ohne die Wirklichkeit der Willensfreiheit gäbe es die Orte der Belohnung und Bestrafung nicht. Die Freiheit der Wahl zwischen Gut und Böse hat jeder Mensch. Das Böse kommt zuerst als Versuchung einer Weltzuwendung und einer Verlockung der eigenen Triebnatur und den ungereinigten Strebungen nachzugeben. Wer das Böse wählt, wird in diesem Moment böse und in dem Zustand bleibt er so lange, bis er durch Reue und Buße die Vergebung von Allah bekommen wird. Wer ohne Vergebung gestorben ist, wird das jenseitige Leben in der Hölle verbringen. Im großen Rahmen der Weltschöpfung versucht Mohammed immer wieder zu erklären, dass der Mensch für jede seiner Taten, selber die Verantwortung trägt. Infolge bestraft sich jeder selbst mit dem Feuer der Hölle.

b) Strafe und Vergebung für das irdische Leben: Korantexte:

1. „Das irdische Leben ist nur ein trügerischer Nießbrauch" (3. 182. / 185)

„Der Nießbrauch der Welt ist winzig und das Jenseits ist besser für den Gottesfürchtigen" (4,.78./77);

„Die Erde (ist) eine Stätte und ein Nießbrauch auf Zeit" (7. 32./21)

„Habt ihr mehr Wohlgefallen zum irdischen Leben als am Jenseits? Aber der Nießbrauch des irdischen Lebens ist gegenüber dem Jenseits nur ein winziger. So ihr nicht ausziehet, wird er euch strafen mit schmerzlicher Strafe und ein anderes Volk an eure Stelle setzen." (9. 38 – 39)

„Das irdische Leben ist im Vergleich zum Jenseits nur ein Nießbrauch." (13. 26)

„Dieses irdische Leben nur ein Nießbrauch, und siehe das Jenseits, das ist die Stätte des Bleibens." (40. 43/40)

2. Der Mensch ist nicht für die Welt erschaffen.
Nicht für die Welt wurde der Mensch erschaffen. Das Jenseits ist seine wahre Heimat. Hier auf Erden hat er nur einen begrenzten Nießbrauch. Im Vergleich zu der Lebensdauer im Jenseits, ist der irdische Aufenthalt sehr winzig und jeder soll in der irdischen Prüfungszeit das Jenseits auch verdienen.

Das Böse auf der Welt kommt immer nur von einer Quelle: von dem Menschen selber! Das Gute dagegen kommt immer nur von Gott. Darum trägt der Mensch alleine die Verantwortung für jede Sünde. Die Sünde ist auch gegen ihn selbst gerichtet, weil die Bestrafung den Täter selbst trifft.

Alle, die das Wohlgefallen an der Welt finden, oder sogar die Welt lieben, gehören zu den Betrogenen – die Welt hat sie reingelegt: *„Der Mensch ist wider sich selbst ein Beweis."* Den Propheten Mohammed wundert die traurige Tatsache, dass die irdische Welt den Menschen mehr anzieht als das bessere und bleibende Jenseits. Im Vergleich zum Jenseits ist das Leben auf der irdischen Welt, nichts als ein Zeitvertreib und ein Spiel von kurzer Dauer. Das Jenseits dagegen ist die *„Stätte des Bleibens".* Darum, *„Wer für das Jenseits säen will, dem wollen wir seine Saat mehren und wer für die Welt säen will, dem geben wir von ihr, doch soll er am Jenseits keinen Anteil haben."* (42. 19 (20) Die Verdammten wurden von der irdischen Welt betrogen.

Das mindert jedoch ihre Schuld nicht, weil jeder Böses tut und das wäre bereits die Zuwendung zur Welt, tut es wider sich. Rechtzeitig war er vom Gesandten Gottes gewarnt.

Die meisten Menschen betrachten das Leben in der Welt

weiter nur als „*Spiel*", als „*Scherz*", als „*Schmuck*", mit dem sie angeben können. Gott liebt jedoch keine Prahler und dementsprechend werden sie für den Sinnverlust des Lebens bestraft. Nicht Allah fügt den Menschen Leid zu, sondern sie selbst, indem sie Unrecht tun. Den Menschen wurde der Koran gesandt, damit sie das Jenseits lieben und der Welt entsagen. Jedem Weltgenuss folgt die Strafe. „*Folgt nicht der Leidenschaft, dass ihr abweicht vom Recht.*" (4. 134 /135) Diese Warnung steht in allen Religionen. Mit Hilfe der Furcht vor Allah will der Prophet alle Leidenschaften dem Verstand unterstellen. Mohammed fragt die Gläubigen: „*Habt ihr mehr Wohlgefallen am irdischen Leben als am Jenseits? So ihr nicht ausziehet, wird er (Allah) euch strafen mit schmerzlicher Strafe, und ein anderes Volk an eure Stelle setzen.*" (9. 38/39)

Besonders in den letzten Jahrzehnten ist das Wohlgefallen am irdischen Leben zum Problem aller Religionen geworden. Wird die Androhung „*schmerzlicher Strafen*" ausreichen, um alleine für das Jenseits zu leben?

„*Siehe, unsere Gesandten schreiben eure Anschläge auf.*" (10. 23 (22) Die „*Gesandten*" sind Engel, die über jede Tat der Menschen Buch führen. Beim Weltgericht bekommt jeder die Einsicht in dieses Buch und wird an das eigene getane Böse erinnert. Weitere Erklärungen aus dem Koran: „*Siehe, Allah fügt den Menschen kein Unrecht zu, vielmehr fügen sich die Menschen selbst Unrecht zu.*" (10. 46 (45);

„*Wer das irdische Leben begehrt und seine Pracht, dem wollen wir seine Werke in ihm lähmen und sie sollen in ihm nicht verkürzt werden. Sie sind es, für die es im Jenseits nichts gibt als das Feuer und umsonst ist all ihr Tun hienieden gewesen und eitel ihre Werke.*" (11. 18 (15) – 19 (16)

„Dieses Buch (Koran) *haben wir hinab gesandt zu dir, auf das du die Menschen aus den Finsternissen zum Licht führest... und ob der strengen Strafe der Ungläubigen, welche das irdische Leben mehr lieben als das Jenseits."* (14. 1 – 3)

Die Lebensregel des Koran, dass alleine die Liebe zu dieser irdischen Welt ausreichend als Sünde ist, um ins ewige Feuer gestürzt zu werden, zeigt am klarsten den bösen Charakter dieser Welt und betont die Pflicht sich von dieser Welt zu trennen.

„Gekommen ist er (Gesandte Allahs) *mit der Wahrheit und die Mehrzahl von ihnen hat Abscheu wider die Wahrheit. Und wenn die Wahrheit ihren Lüsten gefolgt wäre, wahrlich zu Grunde wären die Himmel und die Erde gegangen und was darinnen."*
(21. 72 (70) – 73. (71)

„Es beherrscht euch das Streben nach mehr, bis ihr die Gräber besucht (sterben werdet). Fürwahr, ihr werdet wissen (wie töricht ihr wart). Führwahr, wusstet ihr's doch mit Gewissheit!"

„Wahrlich, sehen werdet ihr Höhlenpfuhl. Wahrlich, wahrlich, sehen werdet ihr ihn mit den Augen der Gewissheit. Als dann werdet ihr wahrlich an jenem Tag gefragt nach der Wonne (des irdischen Lebens)."
(102. 1 – 8)

3. Die Ungläubigen.

„Den Ungläubigen ist's gleich, ob du sie warnst oder nicht warnst, sie glauben nicht. Versiegelt hat Allah ihre Herzen und Ohren, und über ihren Augen ist eine Hülle und über sie ist eine schwere Strafe." (2. 5 (6) – 7 (8)

„Allah wird sie verspotten und weiter in ihrer Rebellion verblendet irre gehen lassen." (2. 15 (16)

„Taub, stumm und blind, so tun sie nicht Buße." (2. 18 (19)

„So Allah wollte, raubt er ihnen Gehör und Gesicht." (2. 19 (20)

Der Wortwahl nach, wird das Empfinden geweckt, dass Allah die Ungläubigen zu ihrem sündhaften Verhalten prädestiniert hätte. Doch anschließend präzisiert Mohammed den Sinn seiner Aussagen: „*Nur die Frevler führt er (*Allah*) irre: Die den Bund Allahs nach seiner Aufrichtung brechen und zerschneiden...und auf der Erde Verderben anstiften. Sie werden die Verlorenen sein.*" (2. 24 (26) – 25 (27)

4. Das Jüngste Gericht.

„*Wenn die Sonne zusammengefaltet wird und wenn die Sterne herabfallen und wenn die Berge sich rühren und wenn die hochschwangeren Kamelstuten vernachlässigt werden und wenn die wilden Tiere sich versammeln und wenn die Meere anschwellen und wenn die Seelen gepaart werden mit ihren Leibern und wenn das lebendig begrabene* (Mädchen) *gefragt wird um welcher Sünden willen es getötet ward. Und wenn die Seiten* (des himmlischen Buches) *aufgerollt werden und wenn der Himmel weggezogen wird und wenn der Höllenpfuhl entflammt wird und wenn das Paradies nahe gebracht wird, dann wird jede Seele wissen, was sie getan hat.*" (81. 1 – 14)

„*Wer Übles erworben hat und wen seine Sünde umgibt, jene werden des Feuers Gefährten sein und werden ewig darin verweilen.*" (2. 76 (82)

„*Sie sind die, welche das irdische Leben für das Jenseits erkauften; deshalb soll ihre Strafe ihnen nicht erleichtert werden und sie sollen keine Hilfe finden.*" (2. 80 (86)

„*Für einen schlechten Preis verkaufen sie ihre Seelen...*

Die Ungläubigen trifft schändliche Strafe... Die Ungläubigen hängen noch gieriger am Leben als die Götzendiener. " (2. 84 (90) – 90 (96)

„Allah ist ein Feind der Ungläubigen." (2. 92 (98)

„Ungläubigen wird schmerzliche Strafe zuteil." (2. 98 (109)

„Allah liebt keinen Ungläubigen und Sünder." (2. (277)

„Die Ungläubigen sind die Speise des Feuers. " (3. 8 (10)

„Was aber die Ungläubigen anlangt, so werde ich sie peinigen mit Schwert, Pein hienieden und im Jenseits; und nicht werden sie Helfer finden." (3. 49 (50)

„Siehe, diejenigen, welche ihren Bund mit Allah und ihre Eidschwüre um geringen Preis verkaufen, die haben keinen Anteil am Jenseits; und nicht spricht Allah mit ihnen und nicht schaut er zu ihnen am Tag der Auferstehung und nicht reinigt er sie, und ihnen wird schmerzliche Strafe." (3. 71. (77)

„Und wer eine andere Religion als den Islam begehrt, nimmer soll er von ihm angenommen werden und im Jenseits wird er verloren sein. " (3. 79 (85);

„Siehe die Ungläubigen nimmer sollen ihnen Gut und Kinder etwas vor Allah helfen; und jene sind des Feuers Gefährten und ewig sollen sie darinnen verweilen." (3. 112. (1116)

„Allah macht lebendig und tot." (3. 150 (156)

„Wer Böses getan, dem wird es vergolten, wer aber Rechtes tut, sei es Mann oder Frau und er ist gläubig –jene sollen eingehen ins Paradies." (4. 122 (121)

„Siehe, die Heuchler sollen sein in der untersten Stufe des Feuers und nie mehr findest du einen Helfer für sie." (4. 145 (146)

„Folge nicht den Fußstapfen des Satans; siehe, er ist ein offenkundiger Feind." (6. 142)

„*Die Ungläubigen zu Dschehamam (Hölle) sollen versammelt werden* (8. 38 (37), *damit Allah, die Bösen von den Guten trennt und die Bösen übereinander tut und aus allen einen Haufen macht und sie in Dschehamam wirft;*

"*Schlimmer als das Vieh sind bei Allah die Ungläubigen.*" (8. 57 (55)

„*Erschlaget die Götzendiener, wo ihr sie findet und packt sie und belagert sie und lauert ihnen in jedem Hinterhalt auf.*" (9. 5)

Diese Kampfansage richtet sich an die Juden und Christen. Für Mohammed stehen sie auf einer Stufe mit den heidnischen Götzendienern.

„*Die Ungläubigen – ihnen wird sein ein siedender Trunk und schmerzliche Strafe, darum, dass sie nicht glaubten.*" (10. 4)

„*Allahs Fluch über die Ungerechten, die von Allahs Weg abtrünnig machen und ihn zu krümmen suchen und nicht an das Jenseits glauben.*" (7. 44. (55)

„*Was hat euch euer Sammeln (von Schätzen) und eure Hoffart gefrommt?*" (7. 47. (49);

„*Die Ungläubigen betrog das irdische Leben.*" (7. 49. (50)

„*Siehe, diejenigen, welche nicht hoffen, uns zu begegnen (beim Endgericht) und an dem irdischen Leben Wohlgefallen finden und sich dabei beruhigen und unser Zeichen achtlos sind: sie – ihre Herberge und das Feuer für ihr Tun.*" (10. 8 – 9)

„*Denn, die Böses taten, wird Böses im gleichen Maß und bedecken soll die Schmach. Keine Schützer sollen sie haben wider Allah und es soll sein, als ob ihre Angesichter mit einem finsteren Stück der Nacht verhüllt wären.*

Sie sind des Feuers Gefährten und sollen ewig darin verweilen." (10. 20 (27)

„Was die Elenden anlangt, so sollen sie ins Feuer kommen und darin seufzen und stöhnen. Ewig sollen sie darinnen verbleiben, solange die Himmel und die Erde dauern, es sei denn, dass dein Herr es anders wolle." (11. 108. (106)

Die Zweifler fragen sich: *„Wenn wir zu Staub geworden sind, sollen wir dann wirklich neu erschaffen werden?* (bei der Auferstehung). *Das sind die, welche ihren Herrn verleugnen und die auf deren Nacken die Joche sein werden. Und sie werden des Feuers Gefährten sein und ewig darinnen verweilen.*" (13. 5. (5)

„Vor ihm (dem Gewalttätigen) *liegt Dschehamam und getränkt soll er werden mit Eiterfluss.*" (19. 19. (16)

„Vergnügt euch nur, eure Fahrt geht doch ins Feuer." (14. 36 (31);

„An jenem Tage (des Gerichts) *wirst du die Sünder in Fessel zusammengekoppelt sehen, in Kleidern von Pech, und das Feuer wird über ihre Angesichter schlagen, damit Allah jede Seele nach Verdienst lohnt.*" (14. 50. (49);

„Für Sünder haben wir ein Feuer bereitet, dessen Rauchwolke sie rings umgeben soll. Und wenn sie um Hilfe rufen, dann soll ihnen geholfen werden mit Wasser, gleich flüssigem Erz, das ihre Gesichter röstet. Ein schlimmer Trank und ein übles Ruhebett." (18. 29. (30)

„Für die Ungläubigen sind Kleider aus Feuer geschnitten; gegossen wird siedendes Wasser über ihre Häupter und ihre Eingeweide und ihre Haut schmilzt, und eiserne Keulen sind für sie bestimmt, so oft sie aus ihr (Hölle) *vor Angst zu entrinnen suchen, sollen sie*

in sie zurückgetrieben werden und: schmecket die Strafe des Verbrennens." (22. 20. (19)

„*Und wenn in die Posaune gestoßen wird, dann soll an jenem Tag keine Verwandtschaft unter ihnen gelten und sie sollen nicht einander befragen; und die, deren Waage schwer ist, ihnen wird's wohl ergehen. Deren Waage jedoch leicht ist, die werden ihre Seele verlieren in Dschehamam für immerdar. Verbrennen wird das Feuer ihre Angesichter und die Zähne werden sie in ihm fletschen.*" (23. 103 (101)

„*Dschehamam wird die Ungläubigen rings einschließen. Eines Tages wird die Strafe über sie fallen aus der Höhe und unter ihren Füßen sprechen wird er (Allah): Schmeckt euer Tun!*"

„*Wahrlich erfüllen will ich Dschehamam mit Schinns und Menschen allzumal. So schmeckt denn (die Strafe) dafür, dass ihr die Begegnung mit diesem euren Tag (des Gerichts) vergesst. Siehe, wir haben euch vergessen; schmeckt denn die ewige Strafe für euer Tun.*" (32. 14)

„*Allah hat die Ungläubigen verflucht und hat für sie die Flamme bereitet. Ewig zu immerdar werden sie in ihr verweilen und werden weder Schützer noch Helfer finden. Am Tag, da sie mit ihren Angesichtern ins Feuer gestürzt werden, werden sie sprechen: „O, dass wir doch Allah gehört hätten, dem Gesandten!*" (33. 64 – 67);

„*Siehe, die Verlorenen sind diejenigen, welche sich selbst verloren und ihre Familien am Tag der Auferstehung.*" (42. 44. (45);

„*Das Jenseits ist bei deinem Herrn für die Gottesfürchtigen. Und wer sich abkehrt von der Ermahnung des Erbarmers, dem gesellen wir einen Satan bei, der sein Gesell sein soll.*" (43. 36. (37);

„Welche nicht glauben und von Allahs Weg abwendig machen und als dann als Ungläubige sterben, nimmer verzeiht ihnen Allah." (47. 35(33)

„Die Ungläubigen vom Volk der Schrift (Juden und Christen) *und die Götzendiener, werden in Dscheham-ams Feuer kommen und ewig darin verweilen. Sie sind die schlechtesten der Geschöpfe."* (98. 5. (6)

c) Kommentar zu der islamischen Hölle.
Ursprünglich sollte das Jenseits allen Menschen in der Form vom Paradies zur Verfügung gestellt werden. Durch das unverantwortliche Denken und Handeln der Menschen, die ihre niedere Natur, ihre Grausamkeit, ihren Hass, ihre Rachsucht, Mordlust, ihre Lust auf das Leben und die Welt, ihren Verrat der Gottheit und ihre spöttische Einstellung zu religiösen Wahrheiten, nicht der höheren Wahrheit und der lebendigen Gottheit unter-stellt haben, werden sie nach der Auferstehung in die Hölle gestürzt. Die Hölle ist darum an ausgesuchten Grausamkeiten nicht zu übertreffen.

Die Lehre daraus für die noch lebende Menschheit wäre das Verlegen der Schwerpunkte in Erziehung und der ganzen Denkstruktur eines Menschen auf die Veredelung seiner blinden Triebnatur, seiner primitiven Denkungsart und die Reinigung der Seele von ihrer Liebe zu der materiellen Welt. Zu den Sündern hat Gott immer wieder seine Gesandten geschickt; die den Sinn des kurzen Daseins auf Erden erklärten und den Pfad zu Gott offenbarten. Für alle Tauben und Blinden, die das irdische Leben für das Jenseits verkauft haben, hat Allah das Dschehamam (Hölle) – den ewigen Strafort erschaffen.

An mehreren Stellen des Korans wird behauptet, dass

Gott ein Feind von Ungläubigen wäre und dass er sie alle im ewigen Feuer der Hölle einsperren wird. Sie wären die „schlechtesten der Geschöpfe". In das Feuer der ewigen Hölle kommen auch alle die herein, die Böses getan haben, und als Sünder gestorben sind. In der Hölle finden sie niemals einen Helfer. Ihr Schicksal verdanken sie ihrem eigenen Tun, weil sie sich durch das irdische Leben betrügen ließen und auf Allahs Ermahnungen nicht reagiert haben.

Auf vielen Koranseiten finden wir die Drohung an die Adresse der Ungläubigen und Götzendiener, womit die Juden und Christen verstanden werden: *„Erschlaget die Götzendiener, wo ihr sie findet und packt sie und belagert sie und lauert ihnen in jedem Hinterhalt auf."* (9. 5)

Die Ungläubigen sind schlimmer als das Vieh bei Allah." (8. 57. (55)

Die Juden und Christen hätten sich von Gott abgewandt, die Gesandten Gottes abgewiesen und sind ihren gottlosen Weg gegangen. Auch Jesus Lehren hätten sie entstellt und sektiererisch verfälscht. Für Mohammed stehen sie darum auf einer Stufe mit den heidnischen Götzendienern. Sie waren auch die schärfsten Kritiker der Lehre Mohammeds in seiner arabischen Heimat. Alle Zweifler, Verleumder und irdisch Vergnügten, marschieren geradeaus in das ewige Höllenfeuer. Die Gewalttäter werden zusätzlich noch mit Eiter getränkt. Den Sündern, die mit Sprache und Schrift gesündigt haben, wird flüssiges Erz in den Mund gegossen, ihr Gesicht wird geröstet.

Die Sünder sind alle verloren, weil sie sich selbst verloren haben, auf die Ermahnungen nicht reagierten und von Satan führen ließen. Im Jenseits wird die Bedeutung von jedem Schritt im Diesseits offenbart.

d) Paradies – das Schicksal der Gottesfürchtigen.

Zu diesem Thema hören wir zunächst Korantexte:

„Die Gottesfürchtigen finden bei ihrem Herren Gärten, durcheilt von Bächen, ewig darinnen zu verweilen und reine Göttinnen und Allahs Wohlgefallen." (3. 13. (15)

„Wer Rechtes tut, sei es Mann oder Frau und er ist gläubig – jene sollen eingehen ins Paradies." (4. 123. (124)

„Bereitet hat Allah (für die Gläubigen) *Gärten, durcheilt von Bächen, ewig darinnen zu verweilen. Das ist die große Glückseligkeit."* (9. 90. (89)

„Siehe, diejenigen, die da glauben und das Rechte tun und sich von ihrem Herren demütigen, sie sind des Paradieses Gefährten, ewig darinnen zu verweilen." (11. 25. (23)

„Für diese, die das Böse durch das Gute abweisen – für diese ist der Lohn der Wahrung – Edens Gärten, in die sie eintreten sollen, nebst den Rechtschaffenen von ihren Vätern, ihren Frauen und ihrer Nachkommenschaft, und die Engel sollen eintreten zu ihnen von allen Toren (und sprechen): *„Frieden sei auf euch, darum, dass ihr standhaft bleibet."* (13, 23-25)

„Das Bild des Paradieses, dass den Gottesfürchtigen verheißen ward: durcheilt ist von Bächen, und dauerhaft ist seine Speise und sein Schatten. Das ist der Lohn des Gottesfürchtigen." (13. 35);

„Wahrlich, herrlich ist die Wohnung der Gottesfürchtigen. Die Gärten Edens, sie treten in sie ein, die durcheilt sind von Bächen. Sie erhalten von ihnen, was sie wollen. Also lohnt Allah den Gottesfürchtigen. Zu den Rechtschaffenden sprechen die Engel, wenn sie dieselben zu sich nehmen: Friede sei auf euch! Tretet ein ins Paradies für euer Tun." (16, 39 (31)

74

„*Für jene* (die Gutes tun) *sind Edens Gärten durcheilt von Bächen. Geschmückt werden sie darinnen mit Armspangen von Gold und bekleidet in grüne Kleider von Seide und Brokat, sich legend darinnen auf Divanen.*" (18. 30 (31) „*Geschmückt werden sie in ihnen sein mit Armbändern aus Gold und Perlen und Seide sollen ihre Kleider darinnen sein.*" (35, 31 (34);

„*Siehe für die Gottesfürchtigen ist wahrlich eine schöne Einkehr: Edens Gärten* – *geöffnet stehen ihnen die Tore, reich gelehnt darinnen rufen sie in ihnen nach Früchten in Menge und Trank, und bei ihnen sind die züchtig blickenden* (Jungfrauen) *Altersgenossinnen.* (38. 50-53)

„*Siehe die Gottesfürchtigen werden sein an sicherer Stätte in Garten und Quellen, gekleidet werden sie sein in Seide und Brokat, sitzend einander gegenüber. Und wir vermählen sie mit schwarzäugigen Huries ... Das ist die große Glückseligkeit.*" (45. 46-57)

„*Das Bild des Paradieses, das den Gottesfürchtigen verheißen ward: In ihm sind Bäche von Wasser, das nicht verdirbt und Bäche von Milch, deren Geschmack sich nicht verändert und Bäche von Wein köstlich den Trinkenden; und Bäche von geklärtem Honig; und sie haben in ihnen allerlei Früchte und Verzeihung von ihrem Herrn: Sie sind gleich dem, der ewig im Feuer weilen muss und denen siedendes Wasser zum Trinken gegeben wird, das ihnen die Eingeweide zerreißt?*" (47. 16 (15);

„*Gläubige sind nur die, welche Allah und seinen Gesandten glauben und hernach nicht zweifeln und die mit Gut und Blut in Allahs Weg eifern. Das sind die Wahrhaftigen.*" (49. 15)

*„In Eden sind Früchte und Palmen und Granatäpfel, gute und schöne (*Mädchen) *... Huries in verschlossenen Zelten.“* (56: 68. 70. 72);

„Siehe für die Gottesfürchtigen ist ein seliger Ort, Gartengehege und Weinberge, Jungfrauen mit schwellenden Brüsten, Altersgenossinnen und volle Becher. Sie hören darinnen weder Geschwätz noch Lüge.“ (78, 32-36)

e) Kommentare zu Vorstellungen vom islamischen Paradies.

Nach der Auferstehung von den Toten wird die Scheidung zwischen den Guten und Schlechten vollzogen. Die Schlechten werden in die Hölle verbannt und die Guten ziehen dagegen ins Paradies ein. Entschädigt werden sie für ihren Glauben und das rechte Tun, für Gottesfurcht und Demutshaltung, für die Standhaftigkeit und Wahrhaftigkeit und dafür, dass sie das Böse durch das Gute abgewiesen haben.

Die paradiesische Glückseligkeit entsteht durch den Genuss materieller Güter. Dazu gehören Gartengehege, Weinberge, Palmen, Granatäpfel, Früchte und verschiedene Getränke. Das Paradies ist von Bächen durchzogen, die Wasser, Milch und geklärten Honig führen. Die Bewohner von Eden tragen Armspangen und Armbänder aus Gold und Perlen, grüne Kleider aus Seide und Brokat. Die Männer behalten ihre reinen Gattinnen und dürfen sich auf die Huries freuen, d. h. auf schwarzäugige, unschuldige Mädchen im Harem. Außerdem ist das Paradies voll von züchtig blickenden Jungfrauen mit schwellenden Brüsten. Die Tatsache des Betretens des Paradieses alleine, beruhigt und entspannt die Seele, weil durch die Vergebung von Allah die innere Spannung und

Unruhe sich gelöst haben. Im Paradies genießt jeder den Frieden auch durch die Ausstrahlung von Engeln.

Das Paradies ist jedoch primär eine Entschädigung für den Leidensweg im Dienste Allahs, für die Selbstkontrolle und das „Nein" Sagen zu allen irdischen Verführungen und die Pflichterfüllung im privaten und sozialen Lebensbereich, für die gelungene Unterwerfung des Diesseits unter die Normen des Jenseits.

Die spirituellen, geistig-mystischen Dimensionen fanden bei Mohammed keine Erwägung. Die zweite Erschaffung des Menschen bei der Auferstehung ist auf grenzenlose Befriedigung körperlicher Bedürfnisse und sexueller Strebungen ausgerichtet. Die körperliche Biologie, mit ihrem offenen Triebhorizont ist auf das Leben im Jenseits übertragen. Der zweite unsterbliche Körper, scheint ein Duplikat des ersten zu sein, mit der Ergänzung seiner siegreichen Widerstandskraft wider die Zeitgewalt. Die Zeit läuft auch im Jenseits weiter, verfügt jedoch nicht über die Macht, das Verharren im Sein zu schwächen oder gar zu vernichten. Der zweite Körper ist unsterblich und auch in der Hölle, kann er durch das ewige Feuer und die Pein nicht vernichtet werden.

Eine rein vergeistigte Existenz im Jenseits ist im Koran nicht nachweisbar. Trotz seiner gut begründeten Kritik am Diesseits, gehört die Theologie des Korans zu den Versuchen, der von den Religionen betriebenen Entmachtung des geistigen Menschentums. Den neuen, auferstandenen Körper kann man in die kosmischen transzendenten Räume nicht verschicken. Erst wenn wir frei von materieller Körperlichkeit sind, können wir im rein geistigen Körper (Mentalleib) die unermesslichen Tiefen der wahren Wirklichkeit ausloten. Die Welt der

Religionen beginnt über jeder Form materieller Wirklichkeit. Der Kampf um das menschliche Richtigsein, kann nicht im Triebkörper ausgefochten werden, auch wenn er von den Toten auferstanden wäre. Bereits im irdischen Dasein sind wir verpflichtet, den Körper zu verwandeln, was im Weissungsprozess geschieht. Der Körper wird dabei zu einer Aktualisierung des Geistes werden, zu einer Verdichtung des Lebens, des Geistes im physischen Körper, der die geistige Substanz übernimmt. Erst dann kann der Körper den Übergang von Zeitlichkeit zu Dauer und von Räumlichkeit zu Unbegrenztheit überstehen. In diesem Sinne enthüllt uns die Zeit und der Raum die wahre Wirklichkeit des Seins. Dieser Pfad ist älter als die Religionen und verliert sich in seiner zeitlosen Ursprünglichkeit.

Die erdgebundenen Klugheiten eines triebübersättigten, auferstandenen Körpers, stellt nicht die Endform des Menschen dar. Auch die schönsten Huries mit wallenden Busen und sternleuchtenden, unschuldigen Augen, die dicken, farbigen Teppiche, die Bäche mit Honig, Milch und Wein, gehören nicht dem Zielgrund des Menschen. Es sind trügerische Impulse der eigenen, niederen Natur, die im verwandelten Körper nichts verloren hätten.

Für das Gelingen seiner Mission braucht Mohammed den Glauben des Volkes. Er wusste, dass zum Glauben eine unbeirrbare Zustimmung gehört, eine gefühlsmäßige Überzeugung. Wenn die Gefühlsnatur zustimmt, wird auch der Verstand folgen. Die sinnlichen Paradiesbilder von Mohammed strahlen eine Kraft auf die niedrige Gefühlsnatur aus und verführen den Verstand. Der gefühlsmäßigen Fürwahrhaltung folgt die intellektuelle

Zustimmung. Mit dem festen Glauben in der Brust, lässt sich die Daseinsschwere leichter bestehen. Was wir durch Erziehung und Veredelung der niederen Natur überhaupt erreichen wollen, nämlich, die rein geistige Vollkommenheit der Menschen, wird bei Mohammed nicht einmal erwähnt. In dieser Anschauung werden die Glaubensbrüder leicht zu Feinden und die Welt wird wichtiger als das Jenseits. Der Bruderkrieg wird als von Allah empfohlen erscheinen. In Wahrheit ist es aber der Aufstand der eigenen, niederen Natur des Menschen, die Rebellion der Gefühle gegen die Inhalte des Glaubens. Im Aufstand der irrationalen Kräfte gegen die Ideale des Koran, kann auch die Frömmigkeit nichts mehr ausrichten.

f) Jesus in den Kommentaren von Koran.
„Siehe, Jesus ist vor Allah gleich Adam, er erschuf ihn aus Erde, als dann sprach er zu ihm: „Sei"! und er ward"
(3. 52 (59)

Nach dem Koran sind Adam und Jesus Geschöpfe Gottes: sie hatten keinen irdischen Vater.

Die Verleumder aus dem jüdischen Kreis der Ungläubigen hatten gelogen, indem sie sprachen: *„Siehe, wir haben den Messias, Jesus, den Sohn der Maria, den Gesandten Allahs ermordet. – doch ermordeten sie ihn nicht, sondern einen ihm ähnlichen".* (4. 156 (157)

Die hier vertretene Lehre befindet sich in den nicht anerkannten gnostischen Schulen, z. B. in „Johannesakten" (97. 99. 101. 102)
Anstelle von Jesus sollte Simon von Kyrene gekreuzigt sein – so berichtet Basilides.

„O Volk der Schrift, (Christen) überschreitet nicht euren Glauben und sprechet von Allah nur die Wahrheit. Der Messias Jesus, der Sohn der Maria, ist der Gesandte Allahs und sein Wort, das er in Maria legte, und Geist von ihm – sie glaubten Allah und an seinen Gesandten und sprechet nicht: „Drei!" stehet ab davon, gut ist's euch. Allah ist nur ein einziger Gott." (4. 169. (170)

Diese Aussage ist gegen die Trinität gerichtet. Jesus wäre kein Sohn Gottes, sondern ein Gesandter von Gott. Gott hat keine Söhne!

„Sie (Christen) vertauschen die Wörter an ihren Stellen und vergessen einen Teil von dem, was ihnen gesagt ward; darum erregten wir Feindschaft und Hass unter ihnen bis zum Tag der Auferstehung. Und sicherlich wird Allah ihnen ansagen, was sie getan." (5. 17. (14)

Mohammed glaubte, dass die unverfälschte Urreligion, offenbart von Allah, Abraham besaß (37. 103. (113). Moses und Jesus korrigierten die Urlehre. Sehr bald haben jedoch die betroffenen Gemeinden die Lehre verfälscht oder vergessen.. Mohammed fühlte sich berufen die Offenbarung des Glaubens wiederherzustellen!

„O, ihr, die ihr glaubt, nehmet nicht die Juden und Christen zu Freunden, und wer von euch sie zu Freunden nimmt, siehe, der ist von ihnen. Siehe, Allah leidet nicht ungerechte Leute." (5. 56. (57)

„Verflucht sind die Ungläubigen unter den Kindern Israels durch die Zunge Davids und Jesus, des Sohnes Maria." (5. 82. (78)

„Und es folgten die Nachkommen, welche die Schrift erbten (Christen). Doch greifen sie nur nach den Gütern dieser Welt und sprechen: „Gewisslich wird uns verziehen". Und wenn sich ihnen ein ähnlicher Gewinn bietet,

greifen sie wieder danach ... Aber die Behausung des Jenseits ist besser für die Gottesfürchtigen." (7. 162. 170)

„Und es sprachen die Nazarener: „Der Messias ist Allahs Sohn". Solches ist das Wort ihres Mundes. Sie führen ähnliche Reden, wie die Ungläubigen von zuvor. Allah schlag sie tot! Wie sind sie verstandeslos." (7. 31)

Kapitel 4: <u>**Die Sprengpotentiale der Gefühle.**</u>

Die Verantwortlichen für die soziale Qualität der Gesellschaft – die Pädagogen, Theologen und Philosophen – verlassen sich auf die rationale Bildung des Verstandes. Für ihre Denkungsart sind Gefühle unverzichtbar. Gegen die begriffliche Erfassung der Gefühle und ihre Einordnung, finden sie keine Motivation. Diese Einstellung ist teilweise verständlich, weil, wie *Heidegger* es einmal bemerkte, es seit *Aristoteles* keinen Fortschritt in der Erfassung der Gefühle gab. Darum behaupten wir auch, dass unsere Gesellschaft zwar gebildet, aber nicht erzogen wäre, dass sie wissend ist, aber keine persönliche Kultur besitzt.

a) Die Ichaufhebung durch Gefühle.
Bei Selbstmördern, Amokläufern, den meisten psychisch Kranken kommt es vor der Ausübung ihrer Tat, oder kurz vor dem Ausbruch ihrer Krankheit zur Ichaufhebnung durch eine Emotion. Das Gefühl der Sinnlosigkeit des Lebens bei Selbstmördern, der grenzenlose Hass auf Mitmenschen bei einem Amokläufer, die unbeherrschbare Verstimmung und Angst bei psychisch Kranken, haben das eigene Ich mit der Macht selbstständig gewordener Gefühle abgesetzt. Der hier wirkende Mechanismus ist seit langem bekannt, aber an den Erziehungsmaßnahmen ändert das „Netzwerk der Rationalität" gar nichts. Die Pädagogen folgen ihren ausgetretenen Pfaden, und Philosophen werden schüchtern, wenn sie über Emotionen zu sprechen anfangen.
  Das Problem bleibt bestehen: Die Bildung des Verstandes, ohne die gleichzeitige Erziehung des Willens und

der Gefühle führt durch die Emanzipation der Gefühle und infolge der sozialen Abhängigkeit des individuellen Denkens, zum Absetzen des Verstandes und damit zu den schwersten Krisen auch im sozialen Gefüge einer rational aufgeklärten Gesellschaft. Die mit den Mitteln der logischen, rationalen Vernunft aufgestellten Verhaltensweisen wirken zu Zeiten einer Hochpolung der Gefühle farblos, unwichtig und sogar verletzend. Die Gefühle bilden zu der rationalen Klarheit der Vernunftnormen, eine feindliche Widerstandsfront. Auch auf einen zornigen Denker, der in seinem privaten Lebensbereich eine konfliktbeladene Atmosphäre vorfindet, hat eine vernünftige Argumentation keinen verändernden Einfluss. Trotz der Klarheit bei begrifflicher Erfassung seiner Lage, scheinen ihm alle Argumente auf der Seite der Zornevidenz zu stehen. Der traurige oder depressiv verstimmte Künstler, wird auch an sonnigen Tagen genügend dunkle Wolken am Himmel erblicken, die seine Traurigkeit weiter nähren.

Der Kern des Problems: Die Gefühle und Strebungen lassen sich mit den Mitteln der vernunftgeborenen Rationalität nicht verändern und damit auch nicht erziehen. Auch die präziseste Vernünftigkeit scheitert in Konfrontation mit dem irrationalen Teil der menschlichen Natur! Die Folgen sind verheerend: Ausbruch der Barbarei, Amoklauf, moderne Raserei, Suizide, Geistkrankheiten.

An der menschlichen Natur gehen unsere pädagogischen Bemühungen vorbei. Alles Aufklären und Bilden richtet sich an den Verstand. Damit lassen sich jedoch Gefühle, Wünsche und Stimmungen nicht beeinflussen. Den Pädagogen fehlt das theoretische Wissen und das praktische Können im Bereich der Wirkungsmechanismen der Gefühle.

Der vernachlässigte Teil unserer menschlichen Natur ist bis zum heutigen Tag genauso wild geblieben, wie zu den Zeiten des Savannenlebens.

Noch verhängnisvoller wirkt sich das Nichtwissen über den transzendenten Teil unserer menschlichen Natur aus: die dunkle Ignoranz über das Selbst, das in den traditionellen Aufklärungssystemen in Altägypten oder Altgriechenland den Kern des Menschen bildete und den göttlichen Anteil an seiner Natur darstellte, kann einen zerschundenen Menschen von heute nicht mehr Halt bieten.

Die Psychologen beklagen die Mängel in den bestehenden Erfassungen der Gefühle. Durch ihren subjektiven Charakter lassen sie sich nicht von außen her analysieren. Zur Hilfe sind ihnen die Neurophysiologen gekommen, die alle physiologischen Begleiterscheinungen bei Gefühlen messen. Das Lachen bei Freude, das Weinen bei Schmerzen und Verlusten, das Zittern bei Angst, die Veränderungen des Pulsschlags, der Atemtätigkeit oder die Muskelspannungen gehören zwar zu den Folgen der Gefühlsprozesse, sind jedoch keine Gefühle!

b) Die alten Schulen der Gefühlserziehung.
Aus der Sicht des Bemühens um das rechte Menschsein, geht es weniger um das Lösen des Rätsels der Gefühle. Es geht viel mehr um den Anschluss an die alte Kunst der Gefühlserziehung z. B. bei den Stoikern, Wüstenasketen, in den verschiedenen gnostischen Bewegungen oder bei den Mönchen des Mittelalters. Für einen Menschen, für sein gesellschaftliches Bild, haben unbeherrschte Gefühle einen negativen Einfluss auf sein soziales Schicksal.

Die Platoniker, Pythagoräer und Stoiker haben versucht, ihre Lebensführung aus der Vernunft heraus zu bestimmen. Nach vielen Zeugnissen ist es ihnen auch gelungen. Sie alle waren jedoch Meister im asketischen Kämpfertum. Mit gestähltem Willen und beherrschten Sinnen, konnten sie zu allen Reizen ein kräftiges „Nein!" sagen. Nicht viel anders ist die Erziehung zur Willensstärke bei den Wüstenmönchen verlaufen und in den Klöstern des Mittelalters. Mit jedem Verzicht auf körperliches Vergnügen, vermehrten sie die Willenskraft. Die absolute, sexuelle Enthaltsamkeit hat den transzendenten Teil des Menschen reine Energien für visionäre Erlebnisse und hellseherische Vorausschau zugeführt. Die Willensschulung zu Beherrschung der niederen Natur, hat zur Verbindung mit dem transzendenten Teil der menschlichen Natur geführt und somit der Evolution zum geistigen Menschentum verholfen. In diesem Verständnis war die Gefühlsbeherrschung durch den Willen und Verstand keine krankmachende Unterdrückung von wertvollen Energieformen der menschlichen Natur, sondern ein Fortschreiten zur vollkommenen Realisierung der höheren, geistigen Dimensionen im eigenen Inneren.

Die Selbsterfahrung lässt jedoch nicht zu, die Gefühlsfähigkeit der niederen, tierischen Natur dem Menschen alleine zuzuschreiben. Der Mensch kennt moralische, religiöse und ästhetische Gefühle, heilige Entrückungen, Gefühl für Anstand und Mitleid. Wer sich auf der asketischen Spur bewegt, kann nach einiger Zeit feststellen, dass die niedrigen Gefühle sich zurückziehen und sich die höheren intensivieren. Der Übertragung der Identität vom Körper und der Psyche auf Geist und das Selbst folgt die Entstehung von höheren Gefühlen nach und beschert uns ein völliges Auflösen aller, an die niedere Natur gebundenen Emotionen.

Die Reinigung des Verstandes von niederen Gedanken und der Aufstieg der Vorstellungskraft zur Bildung von hohen, geistigen Visionen, steht, mit diesem Zustand, in ursächlicher Verbindung. Die Form der gefühlsmäßigen Betroffenheit liefert dem Bewusstsein den Messstab für die Einschätzung seines Ortes in der Hierarchie der eigenen, inneren Natur und ihrer Welten. Solange sich die Gefühle als Problem darstellen, binden sie das Bewusst--sein nach unten und hindern den beabsichtigten Fort-schritt.

Wer in kontinuierlicher Verbindung mit seinem Inneren steht, wird es nicht bestätigen können, dass das Netzwerk der Rationalität alle menschlichen Handlungsabläufe determiniert. Das Erwachen der wissenschaftlichen Rationalität hat den Boden der Gefühle nicht erreicht. Und solange es so bleibt, wäre die Gemeinschaft in ihrem eigenen Interesse verpflichtet, zu den klassischen Methoden der Gefühlserziehung zurückzufinden.

Der geschichtliche Humanismus und die Aufklärung, verfechten das Wesen der menschlichen Natur, haben die Bremswirkung der Gefühle und die Verwirklichung rationalistisch gewonnener Programme nicht eingeschätzt und verkürzten den geistigen Teil des Menschen um den Willen und um den zentralen Kern des menschlichen Wesens – um das Selbst. Fortschritte in einer Geschichte macht der Mensch nur als ein komplettes Wesen, mit gleichzeitiger Betroffenheit aller seiner Ebenen. Aus dem Menschen einen Vernunftspezialisten zu machen, wäre ein Raub an seiner Natur. Die Vernunft würde in unserer Zivilisation zum grausamsten Tyrannen des inneren

Menschen absteigen. Ihren Krallen kann sich kaum noch jemand entziehen. Und die Verletzten verbinden nicht einmal ihre Wunden.

Die Ichaufhebnung durch Gefühle tritt als Aussetzer des Verstandes vor. Sie ist auf den Erziehungsfehler zurückzuführen, den irrationalen Teil der menschlichen Natur, nicht in die Ganzheit des Menschen integriert zu haben. In diesem Sinne belastet das Phänomen die gebildeten Schichten, einer Gesellschaft, die sich zu viel um die Welt aber zu wenig um die Menschen kümmert.

c) Sind Gefühle Gehirnprodukte?

Wenn uns die Tränen fließen oder in uns die Wut kocht, das Herz in der Brust pocht, hat uns ein Gefühl gepackt. Die Regulation unseres Verhaltens, wie Vernunfttätigkeit und Rücksichtnahme, sind ausgesetzt. Zum ersten Opfer des emotionalen Anschlags gehört immer das Ich selbst. Der emotionale Ausbruch toleriert keine Kontrolle und keinen gut gemeinten Ratschlag. Die emotionale Überschwemmung verdunkelt die Klarheit des Denkens, bringt Verwirrung und oft vernichtet sie die bisherige Lebensführung. Die Propagandisten totalitärer Staaten und zorniger religiöser Gruppierungen bedienen sich der Methoden der Erweckung emotionaler Welten bei ihren Gläubigen, erzeugen eine gefühlsmäßige Pandemie und werden zu einer echten Bedrohung für die friedlichen Mitbürger. Die niedrigsten Naturinstinkte werden geweckt und die endgültige Trennung zwischen Verstand und Emotion durchgezogen. Dieser Gefahr waren sich alle großen Zivilisationen der Vergangenheit bewusst und unermüdlich um die Erziehung der dunklen Kräfte in der menschlichen Natur besorgt. Die Hirnforscher von heute machen sich wenig Sorgen um die Folgen dunkler Emotionen. Nach ihren Theorien wären Gefühle auf Hirnaktivitäten zurückzuführen. Sie hätten im Gehirn ein spezielles Zentrum aus dem heraus sie ihre Aktivität entwickeln. Von dunklen psychischen Kräften, die man erziehen soll, wollen sie nichts wissen.

Sogar bei Wahrheitssuche wären sie behilflich, wenn wir z. B. nach der Lösungssuche für ein Problem plötzlich ein „gutes Gefühl" verspüren, das wäre eine Bestätigung dafür, dass wir findig geworden sind. Außerdem würden die Gefühle Auskunft geben, was wir für gut oder schlecht halten.

Auf dieses Denkniveau dürfen wir jedoch die Gefühle nicht herabsetzen lassen. Vor allem sind sie kein Produkt der Hirnzellen und kein Zentrum für Werturteile. Die Theologen und die Mystiker der Weltreligionen, die einen anderen Zugang zu den heute diskutierten Problemen gefunden haben, schreiben entkörperten Seelen und geistigen Intelligenzen eine ganze Skala von Gefühlen zu. Die Bibel warnt vor dem Zorn Gottes und der emotionalen Boshaftigkeit bestimmter Geistwesen. Im Menschen irren Gefühle immer, wenn sie zu Überschreitung ethischer Normen führen oder ein Urteil gegen die geltenden Normen der Rationalität am Verstand erpressen wollen.

Der Versuch der Hirnforscher, die Emotionen im Gehirn zu lokalisieren, ist ein Zeichen der Resignation auf das bisher in der Philosophie und Wissenschaft ungelöste Problem der Gefühle: Sie wären nicht psychisch und nicht mental, kämen auch nicht von „unten" – von der tierischen Entwicklungsphase des Menschen – sondern vom Hirn! Ob man auch keine Angst mehr vor dem Zorn anderer, vor der Mordlust eines Propheten oder vor einem hassbesessenen Nachbar zu haben braucht, weil die Hirnprozesse ständig im Fluss sind, sollen dann auch die auf Sicherheit spezialisierten Hirnzellen entscheiden? Leider ist die Theorie irreführend und schädlich. So, wie jedes Erlebnis psychischer und geistiger Art Spuren im Hirn hinterlässt, so auch die Gefühle. Daraus ist zu folgern, dass alle Erkenntnisse, auch die Mathematik und alle Künste, auch die Musik und alle religiösen Begegnungen – auch mit Gott! – reine Hirnprodukte wären, das alles sind Hypothesen erkenntnisfauler Theoretiker.

Es gibt hohe Emotionen, die im Geiste entstehen und meistens den mystischen Aufstieg begleiten. Es gibt auch psychische Gefühle, die als Reaktion der Seele auf ihre eigenen Erlebnisse und die Geschehnisse im aktuellen oder vergangenen Alltag stattfanden. Es gibt körperbezogene Gefühle, die Erfüllungen oder Frustrationen irdischer Bedürfnisse begleiten. Ihr Entstehungszentrum ist der jeweils betroffene Aspekt der einheitlichen Natur des Menschen.

Gefühle haben wir erst dann auf höhere Ziele gerichtet, wenn wir nicht mehr den Abneigungen und den Wünschen unterworfen sind. Unsere Biologie wurde transzendiert.

Der französische Philosoph *Pascal* sah das Herz als „sehend und wissend". Für ihn war das Herz das „Auge" eines Menschen, der Urgrund seines Beschaffens, das Auge des Fühlens. Der steuernde lebendige Mensch saß nicht im Hirn, sondern im Herzen. Die Begegnung mit dem Nächsten und mit Gott, erfahren wir nicht im Gehirn, sondern im Herzen. Das Herz ist die Lichtquelle für den Verstand und der Tiefengrund für das Gewissen. Das ursprüngliche Prinzip des Denkens wäre nicht der Verstand und vor allem nicht die logisch-mathematische Rationalität. Es ergibt sich aus dem Herzen, direkt aus der Substanz des Geistes. Das bestimmende Prinzip der Erkenntnis und des Wollens, sein tiefer Grund, liegt im Herzen. Auch die unerschütterliche Überzeugung ist für *Pascal* der Herzens-Glaube. Die Intellektualisierung und Rationalisierung der christlichen Theologie hat die philosophische Ausarbeitung der Erkenntnisse des Herzens vernachlässigt.

Die Teilnahme am göttlichen Herzen ist das Ideal der Menschen, die nach Einheit mit Gott streben. Auch dieses Ideal wurde in den pädagogischen Räumen des Christentums durch das Streben nach Vernunftbildung verhindert.

d) Die Intelligenz des Herzens.
Sie ist nicht intellektuell und nicht effektiv. Sie ist intuitiv und vorausschauend. Sie richtet sich nicht nach der Logik des Verstandes. Sie folgt dem geistigen Puls des Lebens. Die Intelligenz des Herzens wird niemals zu Routine erstarren oder unter Altersschwäche leiden. Mit den Jahren nimmt sie zu und vor dem großen Abschied mutiert sie zu reiner Hellsichtigkeit. Wer an seinem Herzen arbeitet, seine Innerlichkeit weckt und schult, beherrscht gleichzeitig den inneren Unruhestifter – den „rationalen" Verstand. In jeder gelungenen Selbsterkenntnis, gründet das Selbstgefühl. Es bewährt sich immer im Leid und schützt vor dem Zerbrechen. Wir brauchen die Intelligenz des Herzens, weil unsere Glückseligkeit ohne sie auf falschem Grund stünde.

Glaube, Hoffnung und Liebe und die moralischen Tugenden wirken förderlich auf das Erkennen aus der Intelligenz des Herzens heraus. Sie entschärfen den Egoismus, die Habgier, den Einfluss niederer Strebungen, reinigen die Vorstellungskraft und helfen beim Durchsetzen des Gewissens. Sie heben das Niveau der Kultur und sorgen für die Einhaltung der Menschenrechte. Das reine Herz hat die höchste Hellsichtigkeit.

In den Einweihungsschulen des antiken Ostens und später auch in Griechenland und Rom, war aus diesem Grunde, in einer Ordnung moralischer Prüfungen, die Tauglichkeit für ein höheres Wissen eingeführt worden. Personen, die ihr niederes Leben und ihre niederen Instinkte nicht verarbeitet haben, wurden nicht zum höheren Wissen zugelassen. Als Platon sich mit einem Brief an die Pythagoräer gewandt hat, ihm bestimmte Informationen über ihr Weisheitssystem zu vermitteln, wurde seine Bitte schroff abgewiesen. Platon selbst verlangte von seinen Studenten das Erlebnis eines Ichaustritts aus dem Körper, als unbestreitbare Erfahrung der Lehre von der Unsterblichkeit der Seele. Das gereinigte Gefühl und geläuterte Herz, waren die Voraussetzung für den Empfang der hohen Lebenswahrheit.

Den austretenden Menschen ist seit jeher bekannt, dass hohe Lebensideale Energien heben und weiten. Ideale werden verinnerlicht und zur Selbstnachahmung verwendet. Sie hindern niedere Energien und vergeistigen die effektive Struktur des Menschen. Die rein psychische Freude oder irdische Liebe, weltliche Hoffnung oder Trauer gehen in geistige Hoffnung und Trauer über. Das geistige Wohlsein ersetzt das kurze und brüchige irdische Wohlsein. Das Gestimmtsein der Persönlichkeit wird vom irdischen Schicksal unabhängig und richtet sich nach dem Befinden der inneren Eigenart des Menschen.

Die Umschaltung der Gefühle von der irdischen Bindung auf das geistige und das übergeistige Niveau, ist noch nicht mit dem Erreichen der Vollkommenheit identisch. Dieser Zustand bietet jedoch die beste Voraussetzung dafür. Weil in den geistigen Gefühlen bereits die Elemente der geistigen Welt in uns bewusstseinsmäßig aufgefangen werden, entstehen visionäre Zustände, die den konkreten Mentaleintritt in die höhere Welt ankündigen. Wer diesen Entwicklungsweg voranschreitet, erfährt im eigenen Wesen, dass der wissenschaftliche Begriff vom Leben und Dasein längst überholt ist.

In uns befinden sich mehrere Stufen des Lebens und der Existenz, die übereinander geordnet sind und in uns einen Ausblick auf die Organisation des Universums anbieten. Die Erschließung des Selbstes mit Hilfe geistiger Gefühle ist ein alternativer Weg zum Erschließen des Universums durch intellektuelle Erkenntnisse. Ein echtes Selbstgefühl wird alleine durch die wahre Selbsterkenntnis entstehen. Eine falsche Selbsterkenntnis ist Ursache vieler Leiden und kann sogar zum Suizid führen. Es kann auch fanatisches, unmenschliches Verhalten hervorrufen und im Terrorismus enden. Zu einer aus sich heraus objektiven Erziehung, gehört die Vermittlung einer Selbsterkenntnis, die das im Inneren des Menschen, das dort wohnende Gute, erschließt. Den Weg zum absoluten Guten kennt das Gute im Herzen. Das Herz weist dadurch den Aufstieg zu Gott. Dagegen, die anerzogene Neigung zu Hass, Ausgrenzung, Abstoßung und Kampf, vergrößert das Böse der Welt. Die gewählte Entwicklung zum Bösen kann die Liebe zu Gott im Herzen nicht entwurzeln, aber durch Überlagerung untätig lassen.

Ein Tätigsein, das den inneren Anlagen und Bedürfnissen der menschlichen Natur entspricht, vor allem ihrer Ausrichtung auf das transzendente Gute, erweckt im Gebet ein Lebensgefühl, ein positives Existenzgefühl, das die Richtigkeit des Tuns bestätigt. Das innere und äußere Handeln, wenn es mit der Ausrichtung ihrer Finalität im Einklang steht, wird mit einem stillen Glück entlohnt, mit gutem Gewissen und guter Gesundheit.

Ein Leben im Einklang mit der eigenen Natur, ist ein geordnetes Leben. Es erweckt Lebenswärme und schenkt eine Beglückung. Dagegen, ein Leben in Verwirrung, Erregung und Unordnung, immer nur auf der Jagd nach äußeren Gütern, nach Befriedigung, Sinnlichkeit, Bedürfnissen, sammelt im Inneren Lebensüberdruss, Unzufriedenheit und führt in eine depressive Unruhe.

Die Welterkenntnis soll im gleichen Schritt von Selbsterkenntnis begleitet werden. Das Verhalten gegenüber der Welt soll aus dem Verhalten zum Selbst erfolgen – und nicht umgekehrt! Die Betonung der Wichtigkeit soll nicht auf der Welt, sondern auf dem Selbst liegen.

e) Gefühle und Vernunft

Das Autonomieproblem der Vernunft tritt beim Aufprallen der Macht der Gefühle auf die Rationalität zu Tage. Gegen die schattenlose Klarheit der Vernunft, siegt immer die Gefühlsevidenz. Gefühle, die durch qualifizierte Erziehung nicht auf höhere Ideale ausgerichtet werden, stehen weiterhin auf der Ichseite und nicht der des Verstandes. Darum ziehen sie oft mit erstaunlicher

Leichtigkeit, das bis dahin rationale Ich, auf die gegenseitige Position. In Lebenskrisen ist oft die jahrelange Bildung des Verstandes aufgehoben. Für das Ich – unter Einwirkung der Emotionen – heißen nun die Erkenntnis leitenden Interessen nicht mehr Emanzipation oder Rationalität sondern der „gerechte" Zorn, die „erforderte" Aggression, der Hass.

Den engsten Verwandtschaftsgrad haben die Gefühle und das Ich. Die Wahrheiten des Verstandes während des Ausbruchs feindlicher Gefühle wirken dagegen auf das Ich nicht nur als fremd. Sie können den Einmarsch in die Unmenschlichkeit bedeuten, wie ihn der Amokläufer darstellt.

In der Haft des Zweckmäßigen verbringen alle die ihr Leben, die vom Erwerbstrieb gesteuert werden. Sie gehören nicht mehr der Kultur- sondern der Konsumgesellschaft. Das Zweckmäßige des Verstandes ist vom Vitaltrieb beherrscht und die Motive etwas zu leisten, erwachsen nicht dem Boden der Geistigkeit. Sie entstehen im Sumpf der Konsumbedürfnisse. Auch über den Sinn der Arbeit werden keine geistigen Theorien mehr entwickelt, weil es der arbeitenden Masse klar geworden ist: Arbeit dient der Befriedigung der Konsumbedürfnisse und weil diese immer steigen, muss auch die Entlohnung steigen! Die Arbeitsmotive entstehen nicht mehr auf der spirituellen Ebene. Die dunklen, unzivilisierten Triebe setzen sich auch auf diesem alten Kulturfeld durch.

Wie die Geschichte der „aufgeklärten" Vernunft zeigt, schafft es die Vernunft nicht, sich selbst kritisch zu berichtigen. Die Krisenzeiten in unserer Vergangenheit gehen auf die Ausbrüche von irrationalen Leidenschaften zurück, denen sich der „aufgeklärte" Verstand beugt.

Allen am Ausbruch einer Krise beteiligten Akteuren, ganz gleich, ob die Krise den Einzelnen, die Banken, Konzerne oder eine Nation betreffen, fehlte nicht das richtige Sehen. Dem Verstand waren die Gewissens- und Verstandesnormen wohl bekannt. Was fehlte und auch in der Zukunft fehlen wird, ist die erlernte Fähigkeit, die irrationalen Kräfte der niederen Natur und die Macht der blind machenden Gefühle mit der Willenskraft zu beherrschen. Somit reicht es nicht, das richtige Sehen zu erlernen. Erst wenn die Willenskraft entwickelt ist, um das Richtige gegen alle niederen Widerstände zu verteidigen, können wir von einer erfolgreichen Erziehung der menschlichen Natur sprechen. Dieser Prozess der inneren Freiheit muss von einer radikalen Entweltlichung eingeleitet werden, in der der Lebensschwerpunkt auf der Befreiung aus irdischer Verengung gelegt wird.

f) Die Veredelung der Gefühle.
Wenn unsere niedere Natur durch den Willen beherrscht wird, kommen von dieser Seite keine Störungen mehr auf den Willen zu. Im umgekehrten Fall entwickeln sich unsere Handlungsabläufe auf der Linie der Triebe und Affekte. Das Bewusstsein muss auch auf die Niederlagen des Willens zum Guten schauen. Durch die Erziehung und Veredelung der niederen Natur wird erst die Freiheit des Bewusstseins erreicht. Das Bewusstsein fördert dann die Ideale und setzt die ethische Lebensführung durch.

Die Philosophen haben sich vom Programm der Gefühlsbeherrschung getrennt und der Bildung des Verstandes gewidmet. Die folgenden grausamen Kriege und Revolutionen in Europa klagen die Verführung zu Vernunft an, zu einer Vernunft, die durch neue, freie irrationale Kräfte entmachtet wurde. Das Herauspräparieren des Verstandes aus der Ganzheit der kognitiven Fähigkeiten und die immer konsequenter betriebene Reduzierung des Denkens auf logisch-mathematische Rationalität, führte zusätzlich zum Kontaktverlust mit den höheren Schichten der menschlichen Natur. Der moderne Mensch mit seinen verirrten Gedanken alleine gelassen, ist zu Abwehr der Zornattacken, der Wutausbrüche, der Neidfurien nicht mehr fähig ohne die Macht des geistigen Willens und die Lichtkraft des Herzens, kann er mit rationalen Begriffen alleine, die Urkraft seiner niederen Natur nicht kontrollieren.

Bis heute bleiben die Tore dem Übel geöffnet. Die Rationalität, gepaart mit geistiger Blindheit und gesteuert von geerbten tierischen Urinstinkten, führt nicht in die „paradiesische Heimat" der reinen Seele aus der Zeit vor der Verbindung mit dem tierischen Körper zurück. Außerdem ist der Verstandesmensch kein Wahrheitssucher mehr.

Der Verstand, wie er sich heute zu verstehen gibt, ist als Verengung seiner früheren, noch aus den Zeiten der Antike und des Mittelalters, bekannte Erkenntnisfähigkeit aufzufassen. Logik, Mathematik, rationales Verfahren und rein materielle, irdische Ausrichtung seiner Aufmerksamkeit, bewirken seine Untauglichkeit, die innere menschliche Natur in ihrer Ganzheit zu erfassen. Zu den größten faszinierenden Regionen seines Seins, hat der Mensch keinen Zugang mehr. Sobald sich die irdische Gewalt auf die Seite des verengten, irdisch denkenden Verstandes stellt, wandert die Freiheit aus. Die Irrtümer der Philosophie äußern sich viel verhängnisvoller als die

Irrtümer der Wissenschaften. Es wäre einer grundlegen-
den Überlegung wert, ob die Rückkehr der Philosophie
zu ihren klassischen Anfängen nicht besser für die
Menschheit wäre, als die Fortführung ihrer Herauslösung
aus der Suche nach Wahrheit?

Die wahrheitsmäßig tiefsten Erkenntnisse über die
menschliche Natur, verdanken wir nicht der Wissenschaft. Seit den Uranfängen der menschlichen Spezies,
wurde das Wissen über die menschliche Natur, mit den
Mitteln des Heraustretens aus dem Körper, aus dem
psychischen Seelenraum und der mentalen Gefangenschaft der Begriffe, direkt an der übersinnlichen Quelle
gewonnen. Wichtig dabei war vor allem das Hintersich-
lassen der Vernunft, mit der man heute jede „Wahrheit"
und jeden Irrtum begründen will. Im hinduistischen
Kulturraum begegnet man heute noch regelmäßig dem
Ichaustritt in Form einer Erleuchtung. Die Erleuchteten
erkennen nicht nur die Nichtigkeit irdischer Begriffe und
Werte. Sie sehen auch den falschen Weg der Zivilisation.
In ihrem Herzen erleben sie den Bruch zwischen der
außen gerichteten Persönlichkeit und dem im ewigen
Raum versunkenen Selbst. Den Weg rationaler Vernünftigkeit unserer Forschritts- und Freiheitsideologen,
lehnen sie als irreführend genauso ab, wie die Unwirk-
samkeit der gegenwärtigen oberflächlichen Frömmigkeit.

Zu den Folgen der Erleuchtung gehört die Auflösung
metaphysischer Blindheit. Auch das Zurücktreten der
Diesseitigkeit auf weiteren Plan ist typisch für diese Erfahrung. Alle egozentrischen Einengungen und dogmati-schen
Vorurteile sind aus dem Bewusstsein weggefegt. Das universale Sehen hat keine irdische Verankerung mehr. Das neue
Sehen erfolgt aus einer kosmischen Perspektive heraus.

In innerlich ausgeglichenen Zeiten weiß jeder, dass er nicht die Emotion, das Gefühl ist. Er versteht sehr gut, dass die Gefühle beweglich sind, sie kommen und gehen, er selbst bleibt jedoch bestehen. Das Verstehen reicht jedoch nicht, sich vor dem negativ geladenen Gefühlsfeld in Sicherheit zu bringen. Die hinduistischen und buddhistischen Weisen schlagen eine Methode vor, die auch bei emotionalen Anfällen eine Distanzhaltung erlaubt.

Die Methode ist einfach und jeder kann sie eintrainieren. Den Ausgangspunkt bildet die Überzeugung, dass jeder genauso intensiv zur Beobachtung des eigenen Innenlebens sich hingezogen fühlt, wie zum Studium der Außenwelt. Der sich beobachtende Hindu ist Zeuge jeder Emotion, jeder Erregung, von ihrer Entstehung bis zu ihrem Abklingen. Dabei trainiert er die wichtigste Erkenntnis: *„Ich bin nicht die Emotion!"* Dahinter steht die enttäuschende Erkenntnis, dass zwar alle die Wahrheit kennen, dass kein Mensch aus Zorn oder Angst besteht, trotzdem werden sie von einer Wut- oder Neidwelle aus diesem Wissen herausgerissen und der Wut oder dem Neid überantwortet. Der unbeteiligte Zeuge seiner Emotionen schwächt ihre Energie, weil er sich im Zeuge-Sein versammelt und diesen Ort nicht verlässt. Ein Beobachter der Gefühlsentstehung kann nicht mehr seine natürliche Stärke entwickeln und statt dessen wird er mit jeder Sekunde schwächer. Die Identifikation mit den Gefühlen wird dem Ich entzogen, weil sich das Ich im Beobachter versammelt hat, und er denkt pausenlos: *„Ich bin nicht diese Emotion!"* Mit der Selbstbeobachtung in allen Lebenslagen entwickelt sich jeder zu einem bewussten und verantwortungsvollen Menschen, der sich niemals mehr mit etwas identifizieren kann, was nicht sein geistiges Ich ist. Zu diesem Thema komme ich noch bei Schilderung der Vorteile einer Meditation zurück.

Das Beobachten des eigenen Inneren und Äußeren – das Zeugesein allen Geschehens – führt zum Erfassen des eigenen Selbst und damit zur Erfüllung der Aufgabe jeder Meditation. Die Selbsterrichtung zum Zeugen, zum Beobachter des persönlichen Geschehens, ist der Weg zur Erfüllung des Sinnes eigener Existenz und das ohne mentale oder religiöse Voraussetzungen.

Die alten Pioniere der Auswanderung aus dieser Welt, in der niemand heimisch werden kann, weil sie alles, sogar das Leben selbst, raubt, sahen den Grund für die Erlahmung des Willens in der Welthaftigkeit der Gefühle. Sie wäre stärker als der Optimismus rationaler Gedanken und fortschrittlicher Ideen. Auf die kritische Reflexion reagieren sie nicht. Unsere Ahnen haben uns jedoch vor Augen geführt, dass eine Erziehung der Gefühle möglich ist.

g) Das Ablehnen der Gefühlserziehung.
Die Welthaftigkeit der Gefühle formt das Ich und zwingt es zum irdischen Genuss. Dieser Zustand bewirkt eine schicksalhafte Verschattung der Geisteskraft. Die Welthaftigkeit der Gefühle webt ein irdisches Kleid für den Geist und macht sich zum Sklaven irdischer Illusionen. Die Erziehung der niederen Natur macht uns dagegen zu Menschen, weil wir damit als Wesen mit Körper, Seele, Geist und Selbst komplett sind. Solange wie das Ich unter Kontrolle der Gefühle steht, arbeitet auch das Denken gegen sich selbst.

Der leichtsinnige Irrtum der letzten vierhundert Jahre

lag in der Überzeugung, dass die Befreiung des Menschen von allen Formen des Bösen in den positiven Gedanken des nach Freiheit strebenden Verstandes lag. Weil das Ich nicht den Überzeugungen des Verstandes, sondern den irrationalen Kräften der Seele folgt, sprengt der Druck emotionaler Kräfte auch die eingefleischten Vernunftüberzeugungen weg. Um auf dem geistigen Fort-schrittskurs Ergebnisse vorzuweisen, darf der Wesenskern des Menschen nicht zwischen der Rationalität und Irrationalität gespalten bleiben. Besonders bei Verinnerlichung der sittlichen Normen, die heute zu Privatsache abgestuft wurden, ist mit Triebprotesten zu rechnen.

Durch ihren freien Zugang zum Ich – über Willen und Verstand – ruinieren die niederen Gefühle auch den theologischen Glauben. So wurden im achtzehnten Jahrhundert der Glaube aus seiner religiösen Verankerung einfach auf das diesseitig Nützliche, auf weltliche Werte und Nützlichkeitsideale übertragen. Konform zu den Inhalten des weltlichen Wünschens stand im laizistischen Glauben der Kurs auf sich selbst, auf eigene materielle Vorteile. Die profanen Wünsche haben den geistigen Glauben laizisiert.

Das tägliche Sehen und der tägliche Glaube haben mit dem richtigen Sehen und Glauben kaum noch einen gemeinsamen Boden. Nicht nur die Inhalte des Glaubens und Sehens sind verschieden. Auch die Richtung von beiden zeigt auf gegenteilige Wege. Das tägliche Sehen ist irdisch bestimmt und führt in die materielle Welt. Der Glaube dagegen weist auf den Himmel und will in die Heimat zurück.

h) Wird die Kultur von Gefühlen ruiniert?

Der Einflussnahme der Gefühle auf das Ich steht kein
Zensor im Weg! Von der inneren Evolutionsgeschichte
her hat sich das Ich aus der Familie der Gefühle und
Triebe entwickelt. Darum ist auch die Unterstellung der
persönlichen Irrationalität unter das Ich ein Kreuzweg
jeder Erziehung. Nicht mit dem Verstand und nicht mit
dem Willen sind die Gefühle verwandt, sondern mit dem
Ich. Sie erobern das Ich ohne großen Widerstand und das
irrational gewordene Ich schaltet die Vernunft mit allen
ihren Warnungen ab. Das Bewusstsein steht unter dem
Kommando dunkler Kräfte. Zwischen der Rationalität,
der Vernunft und Irrationalität der Gefühle einerseits,
sowie zwischen der Mittelbarkeit der Rationalität, die
erst denkerisch hergestellt wird und der Unmittelbarkeit
der Gefühle zum Ich, ist der Einfluss der Gefühle auf das
Denken und Handeln im absoluten Vorteil, im Vergleich
zur Rationalität der Vernunft. Sie hat auch keinen
evolutionären Vorteil auf ihrer Seite. In den Programmen
der Aufklärung hat sich weniger der objektive Verstand
durchgesetzt und mehr die besser wissende Überheblichkeit der von den Sittlichkeitsnormen selbstbefreiten
angeblichen Philosophen.

Die kognitive Sphäre des Menschen ist jedoch keinesfalls in die affektive Sphäre eingebettet. Der Geist ist
keine Fortsetzung der Seele. Die Gefühle können den
Verstand unterstützen, wenn sie erfolgreich auf den Geist
hin erzogen wurden. Wenn wir jedoch ihre Ausrichtung
auf die Welt hin behalten haben, können sie ihn restlos
entmachten und der Mensch stürzt in die Barbarei. Von
der Angst ist den Humanpsychologen bekannt, dass sie
immer das Übel verwirklicht, vor dem sie sich ängstigt.

Das Böse kommt, wenn es gerufen wird. Beim Abwenden des ankommenden Übels helfen keine rationalen Vernunftnormen, wenn in der Erziehungsphase der Gefühlsnatur auch die Angstenergie nicht auf Freude, auf das ankommende Gute übertragen wurde. Die niederen Wesenselemente werden von dem höheren Verstandes- und Willenskräften als Störfelder abgetrennt, falls sie nie in die Erziehungsbemühungen, in die geistige Einheit des Menschen integriert worden sind. Sie sind jedoch von einer Instrumentalität für den Geist gekennzeichnet, die sich als Folge des asketischen Kampfes einstellt. Diese Forderung war in allen großen Kulturen der Vergangenheit als zentrale Idee der Erziehung wahrnehmbar: die vegetative, ichzentrierte Schicht, soll der Seinsmächtigkeit des Geistes unterstellt werden. Das Ich stand in einem Sklavenbündnis mit den vegetativen Kräften, und es liebt nicht die trockene, logische Wahrheit. Die Unbeweglichkeit des modernen Geistes auf das Gute hin, ist übrigens ein Zeichen seiner Überfütterung mit bösen Gedanken von unten.

Gegen die unmittelbare Einflussnahme der Gefühle auf das Ich, vor allem bei Verstandesmenschen, die prinzipiell nicht zu den Wahrheitssuchern gehören, gab es in den alten Erziehungsschulen eine radikale Entwicklungskur. Weil die negativen Gefühle durch keine Verstandesakrobatik sich entwurzeln ließen, wurden sie mit Hilfe der Askese veredelt. Diesen Vorgang hat eine Kur eingeleitet, die den Verstand aus der Verstrickung in irrtümliche Überzeugungen befreite. In den modernen Zeiten ist die Sittlichkeit kaum noch Sache der Religion oder des Staates, sondern der Privatsphäre. Dadurch ist der Erlebniskern der Person Gefühlen ungeschützt ausgesetzt, welche die Widerstandskräfte des Ichs weiter schwächen. Die ichzentrierte Schicht mit der bunten Palette der Emotionen, kennt kein Verhältnis zu sich selbst. Darum muss sie durch Erziehung der Seinsmächtigkeit des Geistes unterstellt werden.

Das Primat des Machens in der modernen Zivilisation hat nicht nur die Kultur des Tuns gesprengt. Es hat die traditionelle Rangordnung der Ziele durcheinander gewirbelt. Die Lustgewinnung und Naturbeherrschung haben in den individuellen Strebungen den höchsten Rang erobert und die Beherrschung der eigenen niederen Natur, mit den Mitteln des asketischen Kämpfertums, wurde sogar rücksichtslos aus den Klöstern verdrängt. Was früher in der Rangordnung den letzten Platz belegte, steht heute an der Spitze der Strebungen. Es ist ein Aufstand der Blinden gegen die Kultur des Sehens. Wie kann der Mensch Herr der Natur werden, wenn er nicht einmal seinen Appetit zügeln kann?

Der freie, unmittelbare Zugang der Gefühle zum Ich, stammt aus der archaischen Zeit der Evolution, wo der menschliche Geist den tierischen Körper übernommen hatte, um das Niveau des Geistes zu veredeln. All zu weit fortgeschritten sind wir auf diesem Weg noch nicht und auch unsere damaligen Ambitionen in Bezug auf die Zeitdauer waren wahrscheinlich falsch. Ein Teil der in den irdischen Bereich abgeschiedenen Geister hat sich selbst vertiert, statt den tierischen Leib zu vergeistigen und zu weissen. Die sich im Moment ausbreitende Vertierung kommt vom vergessenen Wissen über den Sinn der Inkarnation. Weil wir auf der Erde uns mit verbundenen Augen bewegen, nehmen wir nicht mehr wahr, dass hier der Tod herrscht.

Durch die destruktive Überschattung der Welt, in der jeder Fortschritt bereits nach kurzer Zeit böse Folgen hat und neue Drangsale entstehen lässt, die wiederum den Anlass zum weiteren Fortschritt geben, entsteht eine ambivalente Fortschritts- und Rückschrittsspirale, die mit dem Bösen näher als mit dem Guten verwandt ist.. Den Schlüssel zum wahren Fortschritt würde uns die frühzeitig begonnene Erziehung der Gefühle und Strebungen geben. Die Drangsale des jetzigen Lebens gehen von der Fehlleitung des Willens aus und die wiederum vom Wildwuchs der Gefühle. Sie lassen sich durch Tiefgang des Bewusstseins erziehen, weil sie an das Ich gebunden sind, zu seinen Qualitäten zählen und somit die Ichidentität eines Menschen bilden. Das Ich jedoch bleibt, besonders in den jungen Jahren, von der nach außen gerichteten Aufmerksamkeit überschattet.

i) Positive Nutzung der Gefühle.

Der Schlüssel zur positiven Nutzung der Gefühle ist in der Formel versteckt, dass ein mit einem Gedankenbild verbundenes Gefühl, das Gedankenbild realisieren hilft. Mit dem Wissen um dieses Gesetz, lässt sich nicht nur unsere Persönlichkeit, sondern auch unsere Lebensumwelt formen. Weil die Gefühle sich an Gedankenformen binden lassen, konnten in der Vergangenheit, besonders die Religionen, die ja von Gedankenbildern überflutet sind, die Emotionen ihrer Mitglieder im positiven Sinne an die Theoriebildenden Inhalte und sittlichen Erfolge heranführen. Das z. B. ein von selbstloser Liebe erfülltes Leben von Jesus, meditiert in einem geschlossenen Gedankenbild, alle Gefühle zu einem Strahlenkranz der Nächstenliebe vereinigt und veredelt, bildet die Erfahrung christlicher Kirchen. Die Erzeugung von Gedankenbildern ist bei Erweckung des Chakrasystems unerlässlich, bei Visualisierungen der kabbalistischen Sephirots im persönlichen Lebensbaum, beim Aufladen des Mentalkörpers mit den leuchtenden Energien der Sphären, beim kosmischen Wandern, bei Kontakten mit Naturgeistern und beim Abwehren von Krankheiten. Auch die innere Überzeugung, das alles Wichtige in uns selbst zu finden ist, sobald der Wunsch danach – das treibende Gefühl – in ein Gedankenbild als erfüllte Realität immer wieder vorgestellt wird, holt alle Verwirklichungsmächte aus unserem Sein und die neue Wirklichkeit erscheint in der Realität. In diesem Sinne lässt sich dann sagen, dass nicht die Triebgewalten unser Leben bewegen, sondern die Gedankenform, die jede Triebgewalt als Treibstoff benutzt.

Ohne das Wissen von seinen Gefühlen und ihrem Einfluss auf das Selbstverständnis und die Lebensführung, ist niemand an die eigene Natur und die Welt der Menschen angepasst. Ihre auffallenden Merkmale sind die Unberechenbarkeit, Unbeständigkeit, Widersprüchlichkeit und Unerreichbarkeit durch Reflexion und Wachdenken. Durch Gefühle, die plötzlich ausbrechen, realisiert sich der Mensch jenseits der Planung und Vorbereitung, jenseits des Willens und Verstandes. Vor allen fehlt die objektive Erkenntnis der Situation genauso, wie die Begründung durch die Lehre des Guten. Die ausgebrochenen Gefühle richten sich gegen die rationale Lebensführung, gegen die Vernünftigkeit, die Routine des Alltagslebens und die Gewohnheiten. Gefühle wie Angst, Unruhe, Unsicherheit, Panik, unwirkliche Flucht u. a. stellen sich dem Menschen als Problem und können direkt in die Krankheit einmünden. Zu der objektiven Vorstellung eines Menschen oder Gegenstandes können sie jedoch nicht beitragen. Das tut die sinnliche Wahrnehmung und das Wissen des Verstandes. Und trotzdem reichen die Gefühle tief in das Naturgefüge des Menschen und trennen sich von der angesammelten Lebenserfahrung, vom Willen und Verstand.

Bei hoher Intensität ergreifen die Gefühle das Ich und ohne Rücksicht auf die Bildung und bisherigen, auch erfolgreichen, Lebensweg, machen sie es zum Sprachrohr von Wut, Zorn, Angst, Neid, Unruhe etc. Wenn auch Überzeugungen und tiefe Glaubenssätze sehr nah zum Ich stehen, kennzeichnet die Gefühle eine „Mir-Zugehörigkeit". Das Ich wird zum Sprachrohr der Gefühle.

Die Unlust an bestehenden Erfahrungen, an den Pflichten des Alltags, an täglicher Berufsdisziplin, können Unlust, Angst, Verzagtheit und Entsetzen erzeugen. In besonderen Fällen schwächen sie die Rationalität und verdrängen sie dauerhaft. Die bisher tüchtigen Mitarbeiter, freundliche Nachbarn, angenehme Kollegen, wandern in die Klinik ab...

Seit der Antike wird das Gefühl als der Vernunft entgegenwirkende Kraft gesehen. Die Gefühle halten sich nicht an Verstandeslogik. Die Asketen aller Couleur in der Vergangenheit, haben niemals aus den Gefühlen heraus gehandelt. Sie haben jedoch die Gefühle als Energielieferanten zum vernunftbestimmten Handeln verwendet. Zwischen Verstand und Gefühl dürfte es keine sich ausschließende Handlung geben und keine konträre Motivation. Die Abspaltung der Gefühle vom Verstand führt zu psychischen Krankheiten und mit der Zeit ruiniert sie auch den Körper. Jedoch nicht alleine aus diesem Grund haben die Asketen ihre emotionale Natur dem Willen unterworfen. Sie haben ihre Gefühle veredelt und in das Ganze der Seele integriert. Geläuterte Gefühle führen aus ihrer eigenen Kraft heraus, direkt in die göttliche Transzendenz, vor allem, wenn sie der Spur der Liebe folgen. Auch an diesem Beispiel kommt wieder die alte Wahrheit zum Vorschein, dass wir die Zeit zur Veredelung unserer Natur bekommen haben.

Kapitel 5   Auf den Ruinen des Verstandes

a. Der Verstand – das mächtigste Werkzeug des Luzifers?

Bereits in der griechischen Antike sind Versuche bekannt, sich dem Verstand völlig zu unterwerfen. Solange der Verstand das übernatürliche Glaubenswissen über sich tolerierte, gab es den religiösen Frieden. Erst in der Zeit der Aufklärung schüttelte der Verstand seine Unabhängigkeit vom Glauben ab und der aufgeklärte Mensch begann sich selbst als Verstandesmensch zu begreifen. Die schlimme Nebenwirkung ließ nicht lange auf sich warten. Ohne die Selbst- und Weltsicht aus der Glaubensperspektive, kettete sich der Verstand an die materielle Welt und logische Rationalität, die ihm als Erkenntnismethode erste Erfolge brachte. Der ganzheitliche Mensch mutierte zum Verstandesmenschen und stolzen Materialisten. Er vergrub sich selbst in der groben, irdischen Welt und gab auch die moralischen Pflichten im Bereich der Selbsterziehung und die Pflege seiner irrationalen Natur auf. Mit den Jahren verengte sich sein Verstandesvermögen immer gewaltiger, bis die Zeiten grausamer Revolutionen und danach, der großen Kriege, die Welt erschütterten. Die Probe seiner Autonomie, hat der neue Verstand nicht bestanden.

Angesichts ständig neuer Übertreibungen in der Wertschätzung des Verstandes, ist die Zeit einer kritischen Besinnung über seine Natur gekommen. Was die großen Theoretiker zur Zeit seiner Geburt aus dem Geiste der Logik und Mathematik vergessen haben, war seine zwittrige Natur; er war auf das Böse und auf das Gute hörig! Und des Bösen war mit den Jahren immer mehr, so dass die alten Eliten den Spruch rausgelassen haben: „*Der Luzifer liebt den Verstand*"! Was der Verstand vernachlässigt hat, war die Erziehung der irrationalen Teile der menschlichen Natur und ihren unbehinderten Zugang zum Ich eines jeden Menschen.

Es gibt keine Religion, die dem Verstand das volle Vertrauen entgegenbrächte. In seiner eigenen Domäne – auf der irdischen Weltarena – war er ein Lügner, Verräter, Kriegsplaner und Mörder. Zum Höheren wollte er sich nicht aufschwingen. Er ließ sich auch von jedem Gefühl und Trieb ausleihen und versklaven. Dem religiösen Menschen wurde er zur Plage der Laster. Von feinsten und subtilen Welten will er nichts vernommen haben. Mit ihm zufrieden sein können nur Menschen, die sich ausschließlich als Körper verstehen.

Der Verstandesmensch ist mit den Jahren zum Sklaven seines Werkzeugs – der logisch-mathematischen Rationalität geworden. Der alte Verstand der Philosophen und Theologen geführt von ihrem, im Glauben erleuchteten Intellekt, der noch im Inneren lesen konnte (intus legere), hatte noch die Freiheit des Geistes genießen können und den Himmel geliebt. Der neue Verstand hatte sich dagegen der grobstofflichen Welt ausgeliefert, verlor seine Freiheit und gab den Ehrgeiz auf, den Menschen von der leidgeprüften irdischen Zone herauszuführen. Mit diesem Verstand hat sich die Menschheit endgültig vom Paradies verabschiedet. Jetzt können Menschen nicht mehr zurück wollen. Sie sind zu stark erdgebunden, materiell und emotionell verknechtet.

Die neue Menschenzucht ist nicht mehr fähig, die geistigen Botschaften zu empfangen, die Engelmusik wahrzunehmen und die geistigen Visionen zu verstehen.

Und wer das noch kann, wird als Kranker in die Psychiatrie eingeliefert. Die wahre Heimat der Menschen, ihre geistige Erweiterung, wurde als unbegreifbar und darum auch als unmöglich abgelehnt. Der Verstandesmensch greift lieber nach den kalten und todbringenden Sternen ohne Vegetation, leer, ohne Sauerstoff, für das Leben feindlich und vernichtend. Wohin führt uns die moderne Rationalität? Kommt nicht das Leben von Innen und von Außen der Tod?

b. Anerkennung für den Verstand?

Niemand, der die Bequemlichkeiten des täglichen Lebens liebt und immer noch mehr davon für sich selbst beansprucht, denkt gerne an die andere Seite des Verstandes. Er will nicht an die atomare und biologische Selbstextermination der Menschheit und des Lebens denken, will nichts davon hören, dass bereits Jahrzehnte lang alle Mittel dazu bereit stehen. Der Verstand hat die Ökologie auf allen Kontinenten zerstört und vernichtet täglich hunderte Arten von Tieren und Pflanzen. Er hob die zivilisierte Menschheit von ihrer Verankerung im religiösen und philosophischen Denken aus, um sie an egoistische, blinde Vorteile der Körpernatur zu gewöhnen. Er hat Brücken zur geistigen Natur des Menschen abgerissen, um sie im Körperghetto hermetisch abzuschließen. Er hat das Gehirn zum brauchbaren Diener befördert. Wer es jedoch zum Meister macht, dem vergiftet es das Leben. Für das Zentrum des Lebens in uns, im zeit- und raumlosen Teil des persönlichen Universums wurde er zur Gefahr. Nicht der Verstand bildet das Zentrum des Lebens. Es befindet sich im Inneren des Wesens. Je länger sich die Menschen auf den Verstand verlassen, desto irrationaler denken sie. Weil der Verstand nicht an der Lebensquelle ist, wächst mit dem Alter nicht seine Weisheit, sondern seine Dummheit. Weil der Verstand die innere Intelligenz unterdrückt, entwickeln die Menschen ihren Nachahmungstrieb, folgen wie die Schafe anderen, entwickeln nicht mehr ihre Individualität. Uns wächst ständig eine noch nie da gewesene Masse von undisziplinierten Sklaven heran – ohne Persönlichkeit, ohne Weisheit, ohne inneres Wissen. Gefangen hinter Zäunen der modernen Welt, kann die Seele aus ihrem egoistischen Sein kaum noch herauswachsen. Das Nützlichkeitsdenken wird den Kindern im besten Alter auf Kosten der Gefühlserziehung beigebracht. Sie sind zum „homo faber" bestimmt. Auch im weiteren Leben wird dem Menschen keine Perspektive auf Instinktbereinigung angeboten.

c. Warum versagt die Selbstkontrolle?

Wo sitzt der tägliche Wahnsinn und woher kommt er? Wo ist die böse Quelle der Verbrechen, Kriege, Gräueltaten? Die „großen" Verbrecher verfügen über einen gebildeten Verstand, sind intelligent und verstehen sich gut zu benehmen. Was ihnen fehlt ist die erworbene Kunst der Selbstbeobachtung, die Bewusstmachung eigener Gefühle, Emotionen, Strebungen, Stimmungen. Sie haben eine gute Bildung, aber eine miserable Erziehung. Sie sind rational und logisch, aber ihr Verstand wird im Bruchteil von Sekunden von heftigen, primitiven Affekten beherrscht und bleibt ihnen ausgeliefert. In der geweckten Gier nach Lust, Geld, Macht, Prestige ersticken sie die Moral, die guten Versprechen, den inneren Frieden, die Hoffnung. In dieser Atmosphäre wird auch keine Menschenliebe entstehen können. Der moderne, rationale Verstand ist ein Despot, der die höheren Gefühle den tiefen geistigen Strebungen der Körpernatur unterstellt. Die meisten Krankheiten sind Ausdruck des Protestes der Körperlichkeit gegen die Anpassung des neuen Verstandes, den Existenzsinn als vorgegeben zu leugnen. Genauso leugnet er die naturbestimmte Einmaligkeit eines Individuums. Mit seinem Erscheinen versinken die letzten Inseln der Humanität, Nächstenliebe, der geistigen Hoffnung, des geistigen Friedens und der geistigen Freude.

Wenn nun sogar der Körper gegen das Geschwür des Verstandes rebelliert, wäre da nicht die Zeit für die Entmachtung der irrationalen Rationalität reif? Sollte da nicht das Herz gegen das Hirn antreten? Der Weg der Kultur und Zivilisation der letzten Jahrhunderte, die Menschheit durch den Verstand zu bessern, war nicht nur falsch. Wenn wir uns die Folgen der Vernunftherrschaft bis zum heutigen Tage bewusst machen, wird uns klar, dass es besser wäre, wenn der Geist dieser Zeit gar nicht erwacht wäre. Der neue Verstand war nicht nur eine Störung im Zivilisationsprozess. Er war ein Verbrechen gegen die Natur des Menschen. Dieser Wahnsinn beschleunigt sein Tempo, indem er die gesamte menschliche Energie, die von der Natur für andere Zwecke gedacht war, räuberisch in Beschlag nahm. In der Geschichte ist kaum eine Zeit verflossen, die es nötiger hätte, als die unsere, über den künstlichen Verstand hinauszugehen und tiefere Begabungen zu entwickeln, die den geistigen Erwartungen der Menschen heute entsprechen. Die Erschließung des eigenen Wesens geschieht nicht mit der Form des naturwissenschaftlichen Denkens. Geschehen wird es mit Hilfe der Meditation und dem intuitiven Intellekt.

Die nutzlosen Gedanken, die wie dicke Wolken den grauen Himmel bedecken, müssen aus dem Verstand entfernt werden, damit der Mensch die Heiligkeit seines Geistes wahrnimmt. Von Natur aus ist jeder Mensch fähig das transzendente Lebensziel zu erreichen. Seine höhere Natur ist mit allen Kräften und Mächten schwanger, die dazu nötig sind. Diesen Fundus muss sich jeder erschließen und die Mächte seiner Transzendenz werden ihn genau dorthin führen, wo sich sein Platz befindet.

d. Die falsche Verstandesbildung

Nichts von dem, was der kritische und dann der wissenschaftliche Verstand an Besserung der menschlichen Spezies versprochen hat, hat sich bewahrheitet. In der Natur des Menschen wirken Gegenkräfte zum Verstand, ein wahrer Wirkstrom des Lebensdranges, der die rationalen Inseln der Glückseligen hinwegschwemmt. Der zum Verstand feindliche Lebensstrom muss mit erzieherischen Maßnahmen endlich begradigt und reguliert werden. Bereits jetzt schon wird es um den modernen Menschen immer enger. Die Arbeitszeit und die Freizeit reichen nicht mehr aus, um die Wünsche zu erfüllen. Nach einem erfüllten Wunsch steigen sofort zwei neue auf. Die Hydra mit den vielen Wunschköpfen, beansprucht die gesamte Zeitmenge nur für sich selbst. Für eine ernste Reflexion über den Sinn des Lebens, für das „Wozu" aller irdischen Mühen und damit für die Vorbereitung auf das Erwachen aus dem irdischen Schlaf, fehlt die Zeit. Weil die Ewigkeit nicht ungeduldig ist, bleiben die Wunschsklaven bis zum Ende ihres Lebens in der Umarmung des irdischen Begehrens.

Der Mensch verwirklicht sein Menschsein, in dem er nicht nur den Verstand bildet. Die Schulung des Willens und die Veredelung der wilden Triebe der tierischen Natur, entscheidet über die Qualität eines Menschen, über seine Tauglichkeit, in die feinstoffliche Welt seines Geistes einzuziehen. Die Maßstäbe seiner Reife sind keinesfalls auf den irdischen Tummelplätzen zu finden. Sein Auftrag kommt von oben und auch nach oben lebt sein Geist.

Weil der rationale Verstand erdgebunden und zum Auffassen der transzendenten Welt unfähig ist, bleibt er unheilbringend. Nicht einmal das eigene menschliche Wesen kann der irdische Verstand wahrhaft erkennen und wohin er auch blickt, verflacht er alles. Es verwundert darum auch nicht, dass er der menschlichen Entwicklung die falsche Richtung angibt und mit dem angeborenen Ordnungswillen kollidiert. Die seit einem Jahrhundert von ihm bestimmte Wegrichtung endet immer wieder in Katastrophen. Zum Umdenken und zum Verzicht auf seinen falschen Propheten hat sich die Menschheit noch nicht entschlossen. Zu verlockend sind seine Versprechen und zu schwach die Willenskraft der Menschen Dass unter seiner Herrschaft die Menschen ständig neuen Krankheiten ausgesetzt werden und das Gehirn von jeder Weisheitsquelle abgeschnitten, dem „Alzheimer" verfällt, wäre nur eine vorübergehende Phase zum ewigen Leben auf Erden.

Nach antiker Tradition wäre der Verstand ein Werkzeug des Geistes, mit dem das lichtvolle Wesen, eingeschlossen in der leiblichen Hülle, schneller und sicherer den Weg zu seiner Heimat findet und sich darauf, hier auf Erden, gut vorbereiten kann. Die Drosselung durch rationale Formeln und die Zerstörung aller Schutzmaßnahmen, die vor Invasion irrationaler Kräfte aus dem Bereich der niederen Natur den Geist schützen sollten, sind im Grunde Kampfmittel gegen Befreiung aus der Sklaverei der Konsumpsyche und der Lusttyrannei. Wenn im angestrebten „Erdparadies", das die Wissenschaft verspricht, diese Art von Lust-Lebensbäumen wachsen sollen, dann würden es sogar die Ausgehungerten schleunigst verlassen. Aus der Sicht der verbliebenen Frommen, wäre bereits der Wunsch, dorthin zu kommen, eine größere Sünde gewesen, als die von Adam und Eva.

Die rationale Herrschaft des Verstandes, darf nicht auf den Geist selbst übertragen werden. Er hat immanente Gesetze, die zu seiner Vollkommenheit führen, wäre er nicht seit der Kindheit im mathematisch-logischen Formelkäfig eingeschlossen.

Aus der Sicht des angerichteten Übels, war die Übergabe der Herrschaft über das Leben an zivilisatorischem Verstand, ein epochaler Fehler, der den Geist in eine permanente Trägheit versetzt. Laut der Aussage von Jesus würden wir zu den Lauen zählen, die am Ende der Zeiten ausgespien werden.

Was wir in diesen Texten wiederholt herumdrehen, fassen wir nochmals kurz zusammen: In Angriffszeiten seitens der niederen Natur, verliert auch die gut gebildete Vernunft ihre Autonomie und wird von Triebkräften überschwemmt.

Die niedere Natur (Wut, Zorn, Hass, Mordlust und eine

ganze Palette von negativen Gefühlen) löst die dünne Schicht von rationalen Paradigmen vollständig auf, weil diese Gefühle seit Beginn der Evolution einen direkten Zugang zum Ich besitzen und das Ich stellt sich auch bei gebildeten Menschen blitzschnell auf die Seite der niederen Natur: die frühzeitige Erziehung dieser negativen Kräfte kann den Menschen zwar nicht erlösen, sie reicht jedoch dazu aus, um das Selbstvertrauen zu unserem geistigen Können wieder herzustellen und der niederen Natur den Weg zum Ich zu verstellen. Der Anziehungsbereich der Welt bliebe inaktiv.

Die Wurzelschicht der Rationalität des modernen Denkens liegt in der Mathematik und Logik. Die Transzendenz lässt sich jedoch nicht quantifizieren. Sie gehört zu den qualitativen Werten. So lange, wie diese Form von Verstehen maßgeblich bleibt, wird sich auch die Zivilisation nicht zum Guten wenden. In Wahrheit liegt jedoch die Rationalität des Denkens in der mentalen Schicht unseres Wesens verwurzelt. In der außersinnlichen Erfahrung ist auch der Geist am kreativsten, weil er vom Gehirn nicht mehr blockiert wird. Je höher er in die Sphären des geistigen Seins aufsteigt, desto freier und leichter der Erwerb der Erkenntnisse. Aus eigenen Erfahrungen im Zustand des mentalen Wanderns, muss ich sagen, dass meine Denkprozesse ohne den physischen Körper um das Mehrfache schneller sind, und die Erkenntnisse einem wie von alleine zufallen.

Bei jedem Menschen ist die Rationalität vom emotionalen Feld durchdrungen. Bereits in der Entstehungsphase der „Genieblitze" sind die dunklen Persönlichkeitskräfte beteiligt. Alles Erkennen entwickelt sich gleichzeitig im Schatten unreiner, irrationaler Strebungen. Jede

Wissenschaft ist mit konkreten Menschen verbunden. Man erinnert sich an Aristoteles, der das theoretische Verhalten als von der Tugend bestimmt sah, wollen wir die Argumentationen der Politiker, die Kunstwerke der Künstler, die technischen Werkzeuge und die wissenschaftlichen Theorien verstehen, sollen wir nach den Qualitäten des Herzens dieser Menschen suchen. Eine emotionale Erkenntnis a priori steht als Schlüssel zu ihren Werken. Bereits *Heraklit* schrieb: „*Des Menschen Dämon ist sein Ethos*" (Diels 1213 119). Um Idealen zu folgen, Gefühle zu vergeistigen, Gedanken unter Kontrolle des Herzens zu stellen, brauchen wir die Erziehung der Gefühle.

e. Kann uns die Intelligenz voranbringen?

In den philosophischen Texten wird Intelligenz von der Fähigkeit abgeleitet im Inneren zu lesen (intus legere) aus dem Inneren zu verstehen. Sie wird der sinnlichen Wahrnehmung gegenüber gestellt. Kennzeichnend für die Intelligenz wäre somit ein Wissenserwerb, ohne die Hilfe körperlicher Vermittler. Aus dem inneren Bereich des eigenen Wesens kämen die Erkenntnisse.

Unter den Menschen ist heute die Intelligenz ein seltener Gast. Einerseits wird sie dem Verstand und dem Trieb folgen und anderseits wird sie verdrängt und gezwungen, den Autoritäten zu gehorchen. Beide Tendenzen gehen auch auf die Bequemlichkeit zurück, werden jedoch nicht selten von der Tendenz befördert, zwischen Unwahrheit (Dummheit) und Erkenntnis kaum noch zu unterscheiden. Der Trieb anderen zu folgen, sie nachzuahmen und ihnen zu gehorchen, die Angst zu dem mutigen Neinsagen, vor der gesellschaftlichen Vereinsamung, die danach folgen könnte, erzwingt die Übernahme zweifelhafter Sichtweise. Allerdings, zur Weisheit führt alleine das aus sich selbst gewonnene Wissen mit den Werkzeugen der Intelligenz. Die Übernahme falschen Wissens wird der Dummheit zugerechnet. Der intelligente Mensch kann bei veränderten Bedingungen direkt mit der Realität in Verbindung treten und zu ihr eine Beziehung aufbauen. Der Nachahmer scheitert, weil ihm die Intelligenz, die Sensibilität und das Selbstvertrauen fehlen.

Mangel an Intelligenz führt zum gesellschaftlichen Sklaventum, zum Verlust einer individualisierten Persönlichkeit. Mittels der eigenen Intelligenz ist der Mensch auf seine selbstständige Lebensführung vorbereitet, um aus dem inneren Wissen heraus Entscheidungen zu treffen. Das innere Wissen ist nicht im Hirn gespeichert. Wer aus dem Kopf lebt, bleibt an der Oberfläche der Dingwelt hängen. Von seinem Inneren wird er laufend abgelehnt. Führungswissen ist im Herzzentrum gespeichert. Wer gelernt hat aus dem Herzen zu leben, wird auch allen Katastrophen im Leben ausweichen. Der falschen Rationalität wird er aus dem Weg gehen, seinen Frieden behalten und sein Konfliktpotenzial bedeutend verringern. Der intelligente Mensch ist nicht seinem selbst geschaffenem Ich gemäß tätig, weil er seiner tieferen Natur folgt. Er weiß es intuitiv, dass sein Ich von den Impulsen der niederen Natur gefangen ist und verfügt nicht einmal über die Handlungsperspektive, die sich aus der Kenntnis des tieferen Wesens ergibt. Die Prozesse des Heranreifens des Ich an das eigene Wesen, entscheiden über die Sinnerfüllung des Lebens.

f. Das ständige Scheitern des Verstandes.
Die Verbesserung der Welt und des Menschen kann bis
heute nicht durch Philosophie, nicht durch Religion oder
Generationenwechsel und vor allem nicht durch Zivilisation und Technik erlangt werden. Alle, die der Menschheit ein besseres Leben versprochen haben, waren in
ihrem Fachbereich sicherlich sachkundig, nicht jedoch
auf dem Gebiet der Selbst- und Menschenkenntnis. Der
Verlass auf den Verstand, auf seine Bildung und Rationalität liegt heute als letzte große Hoffnung unter Trüm-
mern begraben. Die Polizei und die Gerichte erleben
Hochkonjunktur. Der Zustand der Welt ist ein trauriger
Beweis für das Misslingen aller Versuche, den Menschen
zu bessern – mit oder ohne die Hilfe transzendenter
Mächte.
Die bösen Gefühle lassen sich nicht entwurzeln, auch
nicht durch den normalen oder hoch gezüchteten Verstand. Die angebliche Autonomie des Verstandes, wird
mit dem nächsten Zornausbruch beiseite gelegt. Nicht
mit der Bildung des Verstandes, sondern mit der Erziehung der niederen Natur, lässt sich die Welt verbessern.
Die erdgebundene Verstandesklugheit geht in moralischer Sicht nicht über die Schranke der niederen Natur
hinaus. Gegen die Weltlichkeit der Gefühle ist der Verstand machtlos und somit von ihr abhängig.
Dieses Sklaventum ist genauso mächtig wie das Sklaventum der Affekte und Leidenschaften. Versklaven
kann uns alles, was wir nicht kontrollieren können.
Warum diese Gefahr den Menschen bedroht?
Das frühe Christentum hat den Egoismus und den Stolz
der griechischen Vernunft erkannt und versuchte ihn mit
der christlichen Lehre zu entschärfen. Die Christen haben

das philosophische Denken zur „Magd der Theologie" erklärt, damit es sich nicht höher hinaus wagt als ihre Herrin, die Theologie. Die in den Phasen der Präzisierung der christlichen Lehre immer wieder auftretenden Dissonanzen, kamen fast immer von der Dienerin. Nach der Selbstentlassung der Philosophie aus ihrem theologischen Dienst, hat sie die Entordnung des Denkens nicht nur im abstrakten Bereich des weltfremden Denkens bemerkbar gemacht. Die Katastrophe sagte sich vor allem auf den sozialen Lebensgebieten an. Es begann eine Zeit des Experimentierens mit Theorien und Hypothesen, die reale Inhalte der menschlichen Natur berührten. Dazu zählen vor allem die Gebiete der Freiheit, der sozialen Ordnung, der Bildung und Erziehung, der Gerechtigkeit und Verantwortung. Die Vernunft, die alleine – ohne den Glauben – das Bewusstsein führen wollte, war jedoch nicht frei. Sie war von der unteren Natur beeinflusst, von den Interessen der organischen Natur, vom Verlangen der sinnengepeitschten Massen, von der Einseitigkeit der Wünsche des irdischen Verstandes.

Nun hat der Verstand seit langem seine Volljährigkeit erreicht, er ist erwachsen und sein Charakter hat die Welt überrascht. Das volljährige Mitglied der Bewusstseinsfamilie ist leider kein untergeordneter, passiver Junge. Er hat das negative genetische Erbgut der ganzen menschlichen Rasse geerbt und wächst uns zum Killer heran. Der Verstand hat eine perverse Liebe zu Killerwaffen entwickelt, einen Zug zum Töten, Morden, Vergiften, Verhungernlassen, zum Ausrotten unserer Spezies. Er lügt, führt hinter das Licht, raubt und plündert. Gleichzeitig engagiert er eine Schar von Anwälten, die das Schwarze weiß machen, das Morbide gesund, das Perverse natürlich, das Kriminelle gesetzlich. Die unerfahrenen Massen verehren ihn als Wohltäter und Vater allen Fortschritts und der Freiheit.

Kapitel 6   <u>Das Ende der Verantwortung?</u>

a) Der Verantwortung nicht gewachsen.
Jeder steht in dauerhafter Wechselbeziehung zu den Mitmenschen. Mit seinem Tun und Lassen, mit seinem Denken und seinen Worten beeinflusst er andere. Erschwerend tritt die Verantwortung für Berufe hinzu, die ein besonderes Maß an Verantwortung tragen. Bei schuldhaftem Verhalten sind sie für Tod, Invalidität, Eigentumsverlusten und psychischen Konflikten verantwortlich. Was soll man beispielsweise von Piloten denken, die betrunken ein Flugzeug steuern, von Kapitänen großer Fähren, die während einer Überfahrt private Feste feiern, von Ärzten, die im betrunkenen Zustand komplizierte Operationen durchführen, oder von müden Zugführern, die während der Reise einschlafen? Persönlich ist mir ein Fall aus dem nahen Ausland bekannt, wo ein Chirurg eine kranke Niere entfernen sollte. Nach dem Erwachen aus der Narkose ist der Kranken aufgefallen, dass sie auf der falschen Seite operiert wurde. Entfernt wurde die gesunde Niere und die verkrebste ist im Körper verblieben. Der Chirurg ist mit einem Monat Berufsverbot bestraft worden. Die Bestrafung erschien ihm ungerecht. Die Kranke hätte ihn durch die Medien an den Pranger gestellt, ein finanzieller Schaden wäre ihm entstanden und sein Ruf ist geschädigt worden. Bei seinem Opfer hat er sich nicht einmal entschuldigt. Die Patientin ist kurz darauf verstorben.

Obwohl es unglaublich klingt, gibt es unter uns Menschen, die vom Empfinden her überhaupt keinen Sinn für Verantwortung haben. Sie schämen sich nicht einmal für ihr Verhalten. So erzählte mir kürzlich eine junge Ehefrau, dass sie genau von diesem Zeitpunkt an, als ihr Mann eine neue Küche in die Wohnung eingebaut hat, keine Mahlzeiten für ihn zubereitet. Die Küche nämlich entspricht nicht ihrem Geschmack. Der Mann ist selbstständig, arbeitet sehr viel und seine junge Hausfrau genießt das süße Leben vor dem Fernsehapparat und mit diversen Spielen. Sie putzt auch die Wohnung nicht, kümmert sich nicht um Einkäufe, nimmt den Telefonhörer nicht ab, wenn es klingelt und pflegt keine freundschaftlichen Kontakte. Das Nichtstun entschuldigt sie mit dem schlechten Charakter ihres Mannes, den sie auf diese Weise zum Besseren erziehen möchte. Den Mangel an eigener Verantwortung sieht sie überhaupt nicht. Wie in unzähligen anderen Fällen, leben zunehmend mehr Menschen auf Kosten anderer. Dass sie so geworden sind, wälzen sie auf andere ab: auf Eltern, auf die Ehe, auf die Nachbarn, auf den Staat usw. Unterstützt von abirrenden, sozialen Ketzereien, schieben viele die Verantwortung für ihr böses Tun auf die Bezugspersonen ab und stellen sich als leidende Opfer der Gesellschaft dar.

Dahinter steht wiederum der machtvolle Druck der nicht verarbeiteten Gefühle, die oft alle sozialen und moralischen Normen wegfegen. Viele ziehen sich sogar ein Leidenskleid an, um ihre Ansprüche an Fürsorge zu begründen. Oft hört man von dieser Ecke die entschuldigenden Worte: „Ich würde gerne einen Job annehmen, um etwas zu verdienen, fühle mich jedoch krank." Die Wirklichkeit ist jedoch unerbittlich: „Was der Mensch sät, das wird er ernten!" Ein betrügerischer Verstand zieht böse Kräfte an und was sich diese Personen an betrügerischen Intentionen vorstellen, wird sie sicherlich treffen.

124

b) Das Wesen der Verantwortung.

Verantwortung ist ein klares sich Bekennen zu den Folgen des eigenen Tuns, auch zu der Bereitschaft, die eigenen Taten, Gedanken, Emotionen und ausgesprochenen Worte in ihren weiteren Konsequenzen, als durch sich selbst verursacht, anzunehmen. Dazu zwingt uns das Gewissen. Der Grund jeder Verantwortung liegt im eigenen Willensentschluss vor und während der Tat. Somit ist sie in der Freiheit des Willens begründet. Der Zurechnung unserer Taten zum Ich steht kein Zweifel im Wege. Das Handlungsprogramm – unsere Agenda – erwächst aus der eigenen, individuellen Natur in Form von Bedürfnissen und die werden zu Willenszielen angehoben. Die Gefahren für die Verletzung der Verantwortung lauern bereits in der Struktur des inneren Willensfeldes: Die Seinsebenen, die unsere Natur konstituieren, bilden eine hierarchische Einheit, die in der Welt der Bedürfnisse und der Folge der Prioritäten berücksichtigt werden will. Unverantwortlich wäre z. B. das Vorziehen der körperlichen Bedürfnisse vor der Befriedigung der Psyche, oder der psychischen, vor der Berücksichtigung des Geistes. Dass die Bedürfnisbefriedigung mit dem Vorziehen der Wirklichkeit zu tun hat, dass also das Zufriedenstellen des Körpers einen Bezug zu der irdischen Realität hat und die psychische Befriedigung mit der Organisation von angenehmen, zufriedenstellenden Erlebnissen zusammenhängt, ist jedem bekannt. Noch vor der Psyche will der Geist, besonders in seiner Tätigkeit als Verstand und Vernunft, befriedigt werden und unser Selbst – das organisierende göttliche Sein – beansprucht die absolute Priorität der Aufmerksamkeit. Wird die natürliche Folge der Prioritäten nicht berücksichtigt und – wie es schon fast in der gesamten modernen Welt geschieht – den animalischen und psychischen Bedürfnissen Vorschub gewährt – verletzt das Ich die Normen der Verantwortung.

Die personelle Verantwortung für die Erhaltung der Einheit der eigenen, individuellen Natur, ohne Bevorzugung der irdischen oder psychischen Bedürfnisse, war bereits in den biblischen Zeiten für nicht Einhaltung dieses Gesetzes „der Anlass für Verhängen von Strafmaßnahmen gegen das Volk der Israeliten. Auf diesem Feld erwuchsen den Israeliten alle negativen Folgen in ihrer Geschichte.

Außer der personellen gibt es die universelle Grundrichtung der Verantwortung. Jeder in seinem Staat, in seinem Berieb, in der Familie und den Lebensgemeinschaften ist für die dort herrschenden Verhältnisse verantwortlich. Wären bei Bedrohung des allgemeinen Gleichgewichts, die nötigen Pflichten vorab erfüllt worden, würde man das später eingetretene Übel auffangen können. Negative Erscheinungen um uns herum sind von Menschen verschuldet und darum lasten sie auch auf ihrer Verantwortung. Wir tragen sie nicht nur für das stattgefundene Handeln, sondern auch für das Ausbleiben der notwendigen Taten. Unfreiheit jeder Art, Unrecht, Armut, Kriminalität, Vernachlässigung, Abwendung, Abschlagen einer Abhilfe, fallen in den Bereich der Verletzung der universalen Verantwortung.

Die zum Ausbleiben der Ausübung dieser Form der Verantwortungslosigkeit motivierenden Kräfte, liegen wiederum in der Überflutung des Ich durch nicht zivilisierte Gefühle und Emotionen. Ausgeblieben ist die pflichtmäßige Aneignung der Solidarität, der Treue, des

Glaubens, der Liebe, der Gerechtigkeit und weiterer Tugenden. Seit Jahrtausenden kanalisieren sie die irrationalen Kräfte und unterstützen die Willensrichtung auf das Gute hin.

c) Die Gedankenverantwortung.
Die Verantwortung trägt einen sittlichen Grundcharakter. Sie ist aufgegeben und vorgegeben. Verantwortlich ist jeder nicht nur für seine Taten oder ihre Verweigerung, sondern vor allem für eigene Gedanken. Im sittlichen Bewusstsein der Menschheit haben die Philosophen und Theologen Richter für die Beurteilung der Verantwortung benannt. Dazu zählt das eigene Gewissen und der höchste, göttliche Richter. Im Hinduismus bestimmt der göttliche Richter – das Selbst – die Strafe durch erneute Reinkarnation. Im Vordergrund des Nachdenkens steht hier die Notwendigkeit des Einstehens für sein Tun.

Im Lichte dieses Glaubens wird die Wahrheit vermittelt, dass kein Mensch sich selbst als eigener Gesetzgeber begreifen darf. Er hatte die Wirklichkeit vorgefunden, darf ihre Unebenheiten ausgleichen, aber ihre Gesetze muss er respektieren. Auf diesem Leidensweg wird er auch verstehen, dass nicht die irdischen, sondern die geistigen Notwendigkeiten wichtiger sind. In der Reihenfolge der Verwirklichung behalten sie die Priorität.

Der ganze Ewigkeitswert des Menschen liegt im Schicksal seines Geistes. Die primäre Aufgabe des Menschen ist die Lebendigmachung seines Geistes. Wer seine ganze Aufmerksamkeit dem Wohlergehen des Körpers gewidmet hat, kann die Aufgabe der Geistesverfeinerung nicht erfüllen. Der Wert der Zeitlichkeit liegt in diesem Zusammenhang, nicht in der Entwicklung der Leiblichkeit, weil sie sich am Ende dem Menschen entzieht. Außerdem ist der Körper nicht der Mensch und seine Heimat ist nicht die Erde. Der Geist ist unsterblich und seine Heimat – die mentale Welt – existiert seit Anfang der Schöpfung. Die Verfeinerung seiner Substanz bestimmt die Qualität des Lebens in den zeitlosen Sphären.

Das Geburtsereignis eines Gedankens aus dem unsterblichen Geist, ist das Denken. Er entsteht im Prozess des Denkens und existenzmäßig gehört er der gleichen Seinssphäre wie der Geist. Weil der Geist zu der Mentalwelt gehört, bleibt auch der Gedanke in der gleichen Welt wie der Geist. Darin ist der Erzeuger selbst und seine Gedankenformen in der materiellen Realität unsichtbar. Dass er jedoch existiert und die materielle Welt formen oder zerstören kann, beweist die Umsetzung der Gedanken in der Kriegsindustrie.

Der Gedanke entsteht im Geiste, löst sich von ihm, behält jedoch die geistige, immaterielle Natur von seinem Erzeuger. Dabei bleibt es jedoch nicht! Aus der Energie, die in seiner geistigen Heimat angesammelt ist, formt er sich ein feinstoffliches Kleid, das den Qualitäten des Gedankens entspricht. Wer die Gedankenformen sehen kann, erkennt sofort den Inhalt und die Bedeutung eines Gedankens.

Es scheint zu stimmen, dass eine Art Lebendigkeit und Wille den Gedanken innewohnt, die sie zu einer Verkleidung mit den Stoffen ihrer Welt bewegt. Der Gedanke zieht andere Gedanken an, oder er lässt sich anziehen, wenn eine inhaltliche Verwandtschaft zwischen ihnen besteht. Auf diesem Wege entstehen mächtige Gedankeneinheiten, die wiederum auf den Geist des Menschen einwirken und ihn zu beherrschen versuchen. Durch die gegenseitige Anziehungskraft, bilden sich ganze Kraft-felder von Gedankenformen und dem entsprechend ist auch der Druck auf Verwirklichung über die astrale Zone in der irdischen Welt stark oder schwach.

Die dunklen, unreinen Gedankenformen, werden von den bösen Mächten unterstützt und auf dem Wege der Beherrschung der Denkprozesse, können sie zu echten Verwüstungen und sogar Kriegen führen.

Positive Gedankenformen, aufgeladen mit Liebe und Gottvertrauen, organisieren sich gleichermaßen zu grossen Einheiten und unterstützt von positiven Wesenheiten bilden sie den ausgleichenden Pol gegen das Böse. Sie reinigen die Gemüter, bewirken die Entweltlichung der Seele, sorgen für Distanz zu den Herden moralischer Infektionen. Der positive Mensch verhilft, alleine durch seine Gedanken, der Welt zum Siege der positiven Kräfte. Die Gedankenkräfte versuchen in die Aura des Menschen einzudringen und ihn zu beherrschen. Darunter befinden sich auch fast alle feinstofflichen Krankheitsformen, die ihre alten Träger bereits umgebracht haben, und nun sind sie auf der Suche nach weiteren Opfern.

Widerstand gegen Krankheiten verleiht die Immunkraft gegen Ansiedelung böser Krankheitsformen in der eigenen Aura. Je näher eine solche feinstoffliche Krankheitsform an den Menschen herangekommen ist, desto aussichtsloser wird die künftige Heilung verlaufen. Dieses Heranrücken einer feinstofflichen Krankheitsform kann mehrere Monate oder sogar Jahre dauern, bis der Mensch erste körperliche Symptome bemerkt.

Zum verantwortlichen Sterben gehört auch die Mitnahme aller Krankheitsformen, die in die Aura eingedrungen sind, um sie in der feinstofflichen Welt aufzulösen und zu vernichten. Sonst kehren sie zu den Menschen zurück und suchen sich ein neues Opfer aus.

Diese Zeilen schreibe ich nicht aus einem unsachmässigen Bedürfnis heraus auf. Ich bin überzeugt, dass die Entwicklung der Hellsichtigkeit bei jedem Menschen möglich ist und jeder kann sich visuell eine Diagnose durch die Schau der eigenen Aura stellen. Dass er dann seine feinstofflichen Krankheitsformen mitnimmt und sie in der Astralzone restlos auflöst, gehört zum verantwortlichen Sterben. In dieser Bedeutung wären wir auch zur Ausbildung der Hellsichtigkeit verpflichtet.

Sich selbst vor den Angriffen des Bösen zu schützen, gehört zu den dringenden Pflichten einer aufgeklärten Persönlichkeit. Wer die Reinheit seiner Gedanken vernachlässigt und ohne Kontrolle alles herein lässt, was die Medien, Mitmenschen und die eigene Vorstellungskraft erzeugen, wird von schlechten Gedanken umklammert und sicherlich immer bösartiger vergiftet. Will er dem Schicksal eines bösen und mit der Zeit kranken Menschen entkommen, bleibt ihm der Weg der Erziehung seiner niederen Natur, die Umwandlung seiner Emotionen zu positiven Geisteskräften und der direkte Kampf gegen schlechte Gedanken. Als Unterstützung hilft das Nachdenken über eigene Verantwortung für das künftige Schicksal und die Last der Verantwortung für die Nichtverwirklichung des Lebenssinnes.

Trotz aller Erfahrungen mit Gedankenformen bleibt die zentrale Frage nach der Beziehung zwischen Gedanken und unserem Verstand bestehen. Gedanken entstehen nicht im Gehirn, sondern in unserem Verstand. Sie können mitgeteilt und aufgeschrieben werden und in dieser

Form überdauern sie Jahrtausende. Außerdem existieren sie in freier Form in den immateriellen Welten. Die Gedanken objektivieren sich selbst. Ihre Existenzfähigkeit in mehreren Welten verdanken sie ihrem Erschaffer – dem menschlichen Geist – der sie denkt und selber nicht in der materiellen Lebenssphäre existiert. Im gleichen Moment, in dem er sie denkt, entlässt er sie auch in seine Seinssphäre. Sie trägt die Bezeichnung „feinstoffliche Welt". Diese feinstoffliche Welt besteht aus unzähligen Sphären und Zwischensphären, die grob den Begriffen der astralen und mentalen Welt zugeordnet werden. Zu der astralen Welt würden alle die Gedanken gehören, die von Emotionen, Gefühlen, Strebungen und Drängen durchdrungen und direkt auf die materielle Welt hingeordnet sind.

Gedanken, die in die mentale Welt entlassen wurden, haben keinen direkten Bezug zum irrationalen Boden der Seele. Ihre Existenz verdanken sie dem ungezwungenen Geist.

d) Das Gewissen und unser Tun.

Dass der Lebensbegriff wesentlich umfassender ist, als seine wissenschaftliche Deutung, beweist unter anderem die „innere Stimm" – das Gewissen. Eine nicht von Raum und Zeit gebundene, die auch vom schlauesten Verstand nicht irre geführt werden kann, hat jeder Mensch. Ohne Rücksicht auf unsere irdischen Ziele und privaten Vorteile, lässt sich diese Empfindung und ihr Urteil nicht irreführen. Sie zählt auch nicht zu den Gefühlen, die wissenschaftlich angeblich aus dem Unbewussten aufsteigen und uns mit einem „guten Gefühl", das eine Entscheidung begleitet, belohnen würden. Die

„guten Gefühle" dieser Art gibt es. Sie sind jedoch nicht das Gewissen und darum führen sie uns auch meistens hinters Licht. Die hier gedachten Empfindungen bleiben immer klar und mit den emotionalen Ichinhalten vermischen sie sich nicht. Wenn jedoch der Gewissensträger auf seine geistigen Empfindungen keinen Wert legt, sie mit seiner Aufmerksamkeit nicht würdigt und in der Praxis nicht umsetzt, zieht sich die Empfindung zurück. Sobald sich jedoch das irdische Leben dem Ende neigt, kommt das verdrängte Empfinden zurück um Sühne und Schuldenausgleich zu verlangen.

Das Gewissen steht auf der Seite der Gerechtigkeit, ist rein und klar und lässt sich auch infolge von vielem Grübeln, dem Verstand nicht unterwerfen. Sein Ursprung liegt weit über dem Verstand, im Wesen unseres Selbstes. Die Schädigungen durch falsche Erziehung und „wissenschaftlich" aufgestellte Theorien, können das Selbst nicht beeinflussen. Es ist direkt aus der Quelle im Wahrheitsbesitz und weil es in den höchsten Sphären der geistigen Welt beheimatet ist, ist es auch von Raum und Zeit frei und damit von dem so genannten „Zeitgeist". Seinsmäßig ist das Selbst das Fundament aller Stärke und allen Wissens, trägt jede unsere Lebensform, ist ewig, weil es unsterblich ist und auch die supreme Macht Gottes würde es im Sein nicht löschen.

Menschen, die sich eher zu ihrer Verwandtschaft mit dem Verstand bekennen, machen sich innerlich unfähig, ihre tieferen Empfindungen zu erkennen. Damit wenden sie sich von ihrer wahren Seinsquelle ab, infolge davon, verschließen sie sich der Quelle des Guten und beschreiten den Weg der zunehmenden Verbösung! Dadurch verlieren sie auch den Schutz vor den Bösen, vor Katastrophen und

Schicksalsschlägen. Der Verstand legt eine dicht gewebte Decke aus Meinungen und irdischen „Weisheiten" über seinen Geist und verschließt damit jeden künftigen Zugang zum eigenen Wesen. Dieses Abdichten des Bewusstseins nach oben hin, zu der eigentlichen Mitte des Menschen, wurde von den Mystikern und Weisen als das „satanische Werk" erkannt und ihr Misstrauen gegenüber dem Verstand besiegelt. Das einzige im Menschen, das den Ewigkeitswert in sich hat, wird durch die Weltzuwendung verlassen. Darum nannte wohl auch Jesus das Streben nach irdischem Besitz „Torheit".

Zum Inhalt einer hohen Verbindlichkeit vor dem Gewissen, gehört das Mit- und Füreinandersein der Menschen. Das natürliche Mittel zum freundschaftlichen Miteinander ist die Sprache. Die Sprache ist jedoch auch immer noch das Trennende und angreifende Instrument. Von der ethischen Begründung her, sollte die Verantwortung auch zu Zeiten der Auseinandersetzung bestehen. Nächstenliebe ist ohne Bemühung zu Frieden, Gerechtigkeit, Zuwendung und Verzeihung nicht denkbar. Um das freie Miteinander zu verwirklichen, sind wiederum Tugenden notwendig und ihre Entstehung ist ohne die erzieherische Unterwerfung der niederen Natur undenkbar. Tugendmangel äußert sich nicht nur in sprachlicher Kommunikation. Oft schürt die Presse und andere mediale Kommunikationsmittel, Hass auf die „Gegner" des Friedens und des Miteinanders und vertieft die Kluft zwischen Religionen und sozialen Systemen. Wenn wir die Sprache als Maßstab der Verantwortungsreife betrachten, sehen wir, wie schwierig es die Menschen mit der Kontrolle und Umwandlung ihrer primitiven Aggressionen haben. Auch im Bereich der Presse sollte das

Aufsichnehmen der Folgen eigenen Tuns zu moralischer Priorität gehören.

Es gibt genügend Menschen, die für ihre Taten, Werke und Gedanken keine Verantwortung übernehmen wollen. Sie wissen zwar, dass ihr Verhalten mit dem des menschlichen Miteinanders kollidiert, dass sie auch die Wertschätzung anderer verlieren und sich in die soziale Einsamkeit verurteilen, von einer echten Souveränität weit entfernt sind und trotz aller dieser Erkenntnisse, unternehmen sie gar nichts, um zu einem gesunden Miteinander zu kommen. Im Gespräch überhäufen sie ihren Therapeuten mit Argumenten über die Schlechtigkeit der Menschen, verteidigen die eigene Position und oft lassen sie die Hassgefühle gegen alle heraus. In der Verderbtheit anderer sehen sie den Grund für die eigene Isolation. An die Nächstenliebe könnte man erst dann denken, wenn die Menschen tatsächlich zu Nächsten werden würden. Wer jedoch das Einstehen für sein Tun ablehnt, geht den moralisch gefährlichen Weg der Menschenfeinde.

Den Grund für die Ablehnung der Verantwortung finden wir wiederum in der Überflutung der rationalen Vernunft durch irrationale Kräfte aus dem Reservoir eigener niederer Natur. Sie wurden nicht durch Liebe, Gebete, Askese und direkte Tugendentwicklung, an die höhere geistige Natur angebunden. Durch ihren direkten Zugang zum Ich können sie die Bildung eines Menschen vernichten!

Wenn wir Normen erstellen und zur Rationalität verpflichten, müssen wir als Bedingung der Wirksamkeit der vermittelten Rationalität, den Menschen erzogen haben, das heißt, seine Trieb- und Tiernatur der Geistesmacht unterstellt haben.

Die Übernahme der Verantwortung ist ein innerer Akt des Bewusstseins, des Willens und der Vernunft. Wenn alleine die Selbstbeherrschung oder die Gelassenheit fehlt, machen die Menschen gerne Gott für ihre Fehler verantwortlich. Es müsste doch in göttlicher Allmacht und Liebe zum Menschen liegen, seine Kinder zu beschützen. Tut er es nicht, ginge auch die Verantwortung für angebliche böse Taten eines Menschen auf Ihn zurück. Von diesen Menschen will jedoch keiner Gott zu nah an sich heran lassen. Sie wollen nicht, dass Er in ihrem Herzen wohnt, alles weiß und alles sieht. Allein in der Not dürfte Er sich in der Nähe aufhalten.

Obwohl jeder Erwachsene die Erfahrung gemacht hat, dass alles Böse die Folge unserer Wünsche ist, hängen wir weiterhin an dieser Welt und klagen eher den mangelnden Willen Gottes an, statt sich selbst umzuwandeln und sein Ich auf die Wahrheit einzustimmen – Gott ist der universale Gesetzgeber im Universum. Nach seinen Gesetzen sind alle Welten erschaffen worden. Wer gegen die Gesetze anrennt, wird schmerzlich die Folgen spüren. Wesen, die Gesetze verletzen, ziehen sich Leid an. Diese Hauptbotschaft des Alten Testaments gilt bis heute. Leid, Schmerz, Krankheit und Tod resultieren aus frivolem Handeln. Wie in diesem Fall ist mit den Zuständen auf dieser Welt kaum jemand zufrieden. Nicht die idealen und die rationalen Vorstellungen formen die Weltrealität. Sie ist das Produkt von konfusen Gedanken, grauen Ängsten, von unbeherrschter Wut, Mordlust, Habgier, Hass und der ganzen Palette böser Strebungen, aus der eigenen Pandorabüchse. Weil auch die Frommen kaum noch an der Veredelung ihres Wesens ihre Zeit verlieren wollen, ist es zur Sitte geworden, sich um das eigene Böse gar nicht mehr zu kümmern. Die Weltgesetze werden jedoch durch ein primitives und faules Denken nicht verändert und jeder wird mit allen Folgen seiner Verantwortungslosigkeit konfrontiert.

In unserem Zusammenhang warnen die Schriften der großen Religionen vor dem Gebrauch der Sprache. Die Warnung von Jesus - *„Deine Rede sei Ja oder Nein; denn was darüber ist, das ist vom Übel!"* – ist in unserer Zeit des globalen Abhörens, von besonderer Aktualität. Das Mönchstum in Ost und West hat bereits vor Jahrtausenden nur zu Zeiten der Rekreation das Sprechen erlaubt.

Die Sünden der Zunge sind unter allen Nationen der Erde verbreitet und durch die moderne Elektronik haben sie den Höhepunkt ihrer Intensität erreicht. Worauf beziehen sich jedoch die Wahrnehmungen von dieser Menschheitsseuche? Was da eigentlich die Runden um den Erdball macht, sind in feinstoffliche Hüllen eingekleidete Gedankenformen, die gegen jede Zersetzung resistent sind. Von ihrem Wert her richten sie sich nach dem moralischen Niveau ihrer Erzeuger. Die Weisen, die geistig hohe Werte zu vermitteln hätten, schweigen lieber, wohl wissend, dass die Empfänger ihrer Worte unreif sind, den hohen Sinn ihrer Sprache zu verstehen. Durch die weltweite Verbreitung von elektronischen Kommunikationsmitteln entstand eine geschwätzige, anonyme Masse, die mit ihren negativen Gedankenformen unbewusst in jeden Geist eindringen kann. Unsere geistige Atmosphäre entspricht nun der Qualität der Luft, die dauerhaft verschmutzt ist und diverse Krankheiten erzeugt. Eine geschwätzige Masse überflutet mit ihren Gedankenformen die geistige Atmosphäre und bei gegenseitiger Resonanz – ohne die Sprachkenntnisse – bleiben viele davon in der Aura hängen und dringen immer tiefer in den neuen Geistträger ein.

Auch heute noch lassen sich aus unserer Geschichte die Reden falscher Propagandisten nicht ganz beseitigen. Wir stehen im Einflussbereich der Macht von Gedankenbildern, die in den feinstofflichen Bereich unseres Wesens eingedrungen sind.

Auch das serienmäßige Schwätzen ist zu einer Volkskrankheit ausgereift, weil sich alle voneinander bewusstlos mit resistenten Gedankenformen infizieren lassen. Schmähungen, Verhöhnungen und Hass fallen als eigene Früchte auf ihre Erzeuger zurück. Die Erziehung zum Schweigen geht dann in die Hände des Schicksals über.

Nicht ohne Grund haben die Weisen vor vielen Worten gewarnt. Worte bergen die Gefahr in sich jede Menge Leid zu erzeugen und werden den Schicksalsmächten unterstellt.

Zum Abschluss des Kapitels stellen wir uns nochmals die Frage nach den Ursachen für die bedrohliche und ständig zunehmende Ausbreitung der Unverantwortlichkeit. Der alte Begriff für die Verantwortung hieß einfach „Pflichtausübung". Die modernen Moralphilosophen meinen, er wäre geschichtlich belastet und an eine äußere Autorität gebunden. Nun haben wir die Verantwortung, aber die Zahl der Menschen, die sich verantwortungsvoll verhalten, hat trotz der Begriffsveränderung ihren historischen Tiefstpunkt erreicht. Und wiederum gründet das Einstehen für sein Tun in der Unterwerfung der irrationalen Natur, wie sie sich in Instinkten, Neigungen, Trieben, Strebungen, Emotionen und Gefühlen äußert.

Weil dieser unser Naturteil ohne eine Zensur, direkten Zugang zum Ich besitzt, kann er in Bruchteilen von

Sekunden, den rein rationalen Überbau wegfegen. Auch in diesem Fall funktioniert die Moral erst nach einer gelungenen Erziehung der eigenen, irrationalen Natur.

Das Übel der Unverantwortung entspringt der Geistesträgheit – nicht dem Denken. Um mit der Verantwortung zu leben, muss der Geist erweckt und rege gemacht werden. Die Lebendigkeit des Geistes setzt die Entwurzelung des bequemen Denkens voraus, nachdem immer nur die anderen an allem schuld waren. Die Trägheit ist der Totengräber der Verantwortung.

Kapitel 7   Fortschritt rückwärts?

Der Begriff „Fortschritt" im Sprachgebrauch hat moderne Bedeutungen. Wir sagen z. B., dass jemand Fortschritte im Erlernen einer Sprache, eines Berufes, einer Wissenschaft macht, oder dass er immer besser im Sport, in der Kunst, im Studium wird oder auch immer besser im Bemühen um eine sittliche Vollkommenheit, in Beherrschung seiner Laster wird. In allen diesen Bedeutungen wäre der Fortschritt keine lokale Bewegung mehr. Er wäre eine Übertragung der zielgerichteten lokalen Bewegung, des „Schreitens nach vorn", auf psychische und geistige Prozesse hin. In einem Nacheinander der Phasen sich vollziehender Vervollkommnung, die sich in Graden nachweisen lässt, sprechen heute die meisten vom Fortschritt.

Der primäre Träger des Fortschritts ist der Mensch selbst, als Individuum. Es gibt jedoch Philosophen, die aus den Ideen der Entwicklung einen Menschheitsfortschritt machen wollen, der in der Geschichte nachweislich wäre. Andere sehen den Fortschritt in der Form einer Urkraft, die allen Lebensprozessen der physischen Welt zugrunde liegen soll. Der universale Perfektionismus in Form einer alles umfassenden Evolution zum besseren Sein – wobei das Bessere spontan geschehen soll – gehört heute zum laizistischen Glaubensinhalt vieler Menschen. Die Sinndeutung des Fortschritts – nach der lokalen Vorwärtsbewegung – liegt jedoch in der wachsenden Vervollkommnung der Fähigkeiten individueller Menschen. In den religiös denkenden Epochen lag der Fortschritt im besseren Tun und im sittlichen Vorwärtskommen der Gläubigen.

War es eine Art unverantwortlicher Bequemlichkeit, dass die französischen Aufklärer den wahren Fortschritt im untergehenden Stern des Christentums sahen? *„Sie wird also kommen, die Zeit, da die Sonne auf Erden nur noch auf freie Menschen scheint, die keinen Herren über sich als Vernunft anerkennen, da es Tyrannen und Sklaven, Priester und ihre stumpfsinnigen und heuchle-rischen Werkzeuge nur noch in den Geschichtsbüchern oder auf den Theaterbrettern geben wird".* (**Condorcet** Esquisse d´un tableau historique des progrès de l´ésprit humain, ed. W. Aff 1963, S. 345) **Condorcet** hat die Verfassung der Französischen Republik geschrieben und wurde selber Opfer der Revolution. Die Fortschrittsidee ist ein Kind der französischen Revolution.

a. Fortschritt in der Humanisierung der Welt?
Die Bemühungen der Weltgemeinschaft um die Verwirklichung einer fortschrittlichen Rechtsordnung, in allen Staaten der Welt, um die Gleichstellung beider Geschlechter, auf allen Gebieten des kulturellen und wirtschaftlichen Lebens, bildet den Schwerpunkt des sozialen Fortschritts. Die Einhaltung der Rechtsordnung und des sozialen Friedens kann jedoch nicht alleine durch Institutionen garantiert werden. Dazu sind Gewissensbildung und soziale Tugenden notwendig. Der Prozess der Verankerung der Rechtsordnung im individuellen Bewusstsein eines jeden Bürgers ist mit Mitteln einer intellektuellen Aufklärung nicht zu erreichen. Dazu bedarf es einer qualifizierten Erziehung leiblicher, psychischer und geistiger Tendenzen, die von Natur aus ichzentriert und auf eigene, kurzfristige Befriedigung ausgerichtet sind. Die Verstandesaufklärung wird niemals

den eigenen, individuellen Kampf gegen die Widerstände der niederen Natur und des verdorbenen Bewusstseins ersetzen können. Der soziale und ethische Fortschritt bewegt sich nicht in den Köpfen der Bürger. Er muss die ganze Persönlichkeit durchdringen und ihre auf Ideen resistenten Kräfte erreichen. Und eben auf diesem Feld des privaten, asketischen Kämpfertums fehlt dem Einzelnen eine qualifizierte Hilfeleistung durch spezialisierte Gefühlserziehung. Erst wenn der individuelle Kampf eines jeden Bürgers gegen die Zwänge der eigenen Natur gewonnen wird, kann eine Gemeinschaft die Früchte des Fortschritts im ethischen Sinne genießen. Das gesellschaftliche Erwachen der Vernunft zu Rationalität und die allgemeine Hochschätzung der inneren Freiheit, dürfen nicht vergessen lassen, dass der einzige Träger des Fortschritts nicht die Zivilisation ist, sondern der wissende, beherrschte, erzogene, individuelle Mensch, der die geistige Kultur im eigenen Wesen verwirklicht hat. Das Subjekt des Fortschritts – die individuelle Persönlichkeit – kann die Früchte von ihrem Lebensbaum im modernen, rational organisierten Paradies nicht pflücken, wenn die Schlange der Versuchung immer noch zuschlagen kann.

Wann wird Fortschritt und Freiheit zum Teil des Lebens werden? Darauf kann ich kurz antworten – wenn die Feinde des Fortschritts besiegt werden. Sie sind in uns! Wenn wir diesen Weg gehen und nicht in Unfreiheit enden wollen, erwartet uns ein Befreiungskampf. Nicht gegen äußere Feinde, nach dem Modell der französischen Aufklärung! Er wäre viel leichter zu führen, brächte uns jedoch nur Schäden. Der Kampf muss gegen uns selbst ausgefochten werden: gegen die triebhafte Selbstbehauptung, gegen die ichzentrierten Gedanken, gegen die Überschattung des Denkens durch die Triebgewalten, gegen die Gefangennahme des Lebens durch das egozentrische Ich, gegen die Entordnung der eigenen Geschlechtlichkeit, gegen die Beherrschung des Willens durch Vitaltriebe, gegen die Genuss-, Bequemlichkeits-, und Prestigebedürfnisse, gegen das Unterliegen des Willens, den Wünschen und Abneigungen, gegen den Freiraum für unsere Biologie, gegen die Entmachtung der eigenen Geistigkeit durch unser irdisches Ich, gegen den Auszug der Kräfte aus dem Innenraum, gegen das Nachhängen dem Vergänglichen, gegen das Kommando der Wünsche in praktischen Entscheidungen, gegen das Streben nach beruhigender Sicherheit des Habens, gegen die Resignation auf die geistige Lebensführung, gegen das Sich-Verbeissen in falsche Anschauungen, gegen das schuldhafte Begrenzen unserer Optik, gegen das Nachgeben den Anfechtungen. Diese möglichen negativen Eigenschaften sind die wahren Feinde des Fortschritts, der Freiheit, der Rationalität, des Glaubens, der Liebe und der Hoffnung, der Vernunft, der Menschlichkeit, des Friedens, der Erkenntnis, der Gerechtigkeit und des Glücks.

Ist unsere Kultur überhaupt noch fähig, zu einer Läuterungsphase des Geistes aufzurufen und sie auch noch kompetent durchzuführen? Wären die alten Eliten der Geistigkeit – die Mönche, Nonnen, hochfromme Aussteiger und Asketen – zur Durchführung dieser Aufgabe tauglich und willig? Die alten Römer, besonders aus der Schule der Stoiker, schreiben in Krisenzeiten ihrer Kultur aufbauende und tröstende Erziehungsschriften für die gebildeten Teile ihrer Gesellschaft. Die Schriften von

142

Senecca, Marc Aurel, Epiktet, Boetius und später auch von den *Neoplatonikern*, haben die jeweiligen Krisen mit ihrem suggestiven Gedankengut gut entschärfen können. Können die modernen Psychotherapeuten, mit ihrem materialistischen Elan, die Seelen noch aufrichten?

b. Das dämonische Gesicht des technischen Fortschritts.

Zur Zeit der Vollmacht der Religionen, zeigten alle Uhren auf eine radikale Entweltlichung des Geistes. Heute, unter der Herrschaft einer entgeistigenden Rationalität, führen alle Wege in lückenlose Verweltlichung aller Aspekte des Daseins. Die warnende Stimme des Wissenden will nicht mehr wahrgenommen werden. Die besser wissende Überheblichkeit war zu allen Zeiten ein Blindenführer.

Im Jahre 1968 hat bereits *N. Bohr* die Behauptung aufgestellt, (Erinnerungen und Gedanken eines Physikers, Universitas 23, S. 273), dass die Naturwissenschaften und die Technik, die sittlichen Grundlagen der Zivilisation vielleicht auf immer zerstört hätten. Ob die Sittlichkeit für immer von der Technik zerstört worden ist, lässt sich bezweifeln. Die menschliche Natur kommt mit jedem Kind intakt auf die Welt und der Terror der materiellen Zivilisation kann sich auch nicht ewig halten. Die wahre Vernunft wird auch einmal vom gesunden Denken Gebrauch machen. Was auch dem Physiker Bohr aufgefallen ist, war die Zerstörung der individuellen Freiheit durch die Abhängigkeit von den zeitraubenden elektronischen Geräten, Verbreitung von unmoralischen Darstellungen im Fernsehen, der Absturz der Konzentration bei Kindern und Jugendlichen, die ihre Freizeit vor den Lust versprechenden Geräten verbringen. Im Bezug auf den technischen Fortschritt insgesamt, stellt sich die Frage nach seiner ethischen Begründung. Ermöglicht er tatsächlich die Freiheit, indem er Bedürfnisse befriedigt, die von der Sittenlehre an den Pranger gestellt wurden?

Zwar sind heute die Erkenntnis leitenden Interessen nicht mehr auf Gott, Seele und Wahrheit gerichtet. Geld, Lust, Genuss und Prestige gehören zu den wahlentscheidenen Motiven des Lebens. Der technische Fortschritt folgt diesen Tendenzen und führt besonders die jungen Menschen in eine Welt hinein, die mit Spielzeugen aller Art gefüllt ist. Die Vernunft merkt nicht einmal, dass sie von der eigenen Rationalität, der sie folgt, entmachtet wurde. So lange, wie die Menschen der blind machenden Sinnlichkeit nicht entsagen, wird auch das Falsche in ihnen und der Welt nicht stürzen. Der moderne Verstand ist auch kein Wahrheitssucher mehr, er geht Lust und Bequemlichkeit nach.

Die einzige Form von Fortschritt, die nachweisbar wäre, ist der Gerätefortschritt. Ursprünglich war er von allen willkommen geheißen, weil er die Befreiung von den Naturgewalten versprach. Nach Jahrhunderten seines Waltens, vernichten jährlich alleine die Naturkatastrophen mehr Menschen und Güter als in den Zeiten davor.

Durch wissenschaftlichen Dünkel würden Flüsse begradigt, Wälder angeholzt, Landschaften zubetoniert, Luft über die Grenze ihrer Reinigungsmöglichkeiten verschmutzt, sogar Meere und Ozeane vergiftet. Durch den kalkulierten, natürlichen Zuwachs sind mehr Menschen in aller Welt Naturzwängen ausgeliefert, als jemals zuvor. Der technische Fortschritt spezialisiert sich seit

144

langem nicht mehr auf die Befreiung von Naturzwängen. Sein Schwergewicht liegt auf der Militärtechnik, Kommunikation und genetischer Manipulation. Die Entwicklung von Massenvernichtungswaffen ist die bisherige Krönung des Fortschritts, der sich von jeder Kontrolle losgerissen hat. Die friedlichen Produkte des technischen Fortschritts, besonders die Kommunikationsgeräte, dienen nicht nur dem ahnungslosen Benutzer. Kriminelle Banden in der ganzen Welt bedienen sich kostenlos fremder Computer und rauben und plündern, was das Zeug hält. Und obwohl manche Forscher seit Jahren vor dem „*Verhängnis des technischen Fortschritts*" warnen, stellt sich die technische Welt immer mehr auf den „*Fortschritt im Laster*" ein.

Die Unterwelt des technischen Fortschritts ist die Heimat der „Dämonen". Der moderne Mensch hält sich gern für fortschrittlich. In Wahrheit fällt er in das Mental- und Gefühlschaos herab. Die Gutmenschen wollen die Welt vor der Gewalt des Elends befreien. Sie organisieren die Wirtschaft und legen Grundlagen für den Wohlstand. Die Gründe des Elends liegen jedoch in der Selbstauslieferung an das eigene Ich, das mit den Fäden der Triebgewalt, die Rationalität verdunkelt und auf den Genuss von irdischen Gütern einschränkt.

Der wahre Fortschritt zeichnet nur das sittliche Verhalten des Einzelnen. Subjekt des Fortschritts ist nicht die Gesellschaft und noch weniger die Menschheit. Wenn das Netzwerk der Rationalität alle Handlungsabläufe determinieren würde, von dem die Fortschrittsfanatiker träu-men, gäbe es keine Freiheit mehr. In der Geschichte ist keine bewahrende Rationalität nachweisbar – sowohl in der individuellen, wie in der nationalen Geschichte.

Im Bewusstsein der Menschen gehört zum Fortschritt nicht die bewahrende Fortführung erprobter Traditionen, sondern die Destruktion der alten. Der Bruch mit erprobten Werten und das optimistische Vertrauen in das Neue, ohne das Wissen über die Folgen, ist ein Bruch mit dem Verstand. Jeder Radikalismus, der als Fortschritt verkleidet war, brachte immer nur Rück-schritte.

Weil die Gesellschaft durch Individuen real wird, wirken sich individuelle Fehlhaltungen sozial aus. Andererseits übertragen sich soziale Defizite auf die Individuen. Der *circulus vituosus* zwischen Individuen und Gesellschaft wird erst durch den „Gang vorwärts" (Bloch) in die eigene Tiefe gelöst. Durch das gewöhnliche Denken und die allgegenwärtige Evolution können die Inhalte des eigenen Inneren nicht verschüttet werden. Auf die Tiefenstruktur des Menschen hat die äußere Persönlichkeit keinen Einfluss. Von der Einflussnahme durch die Außenwelt bleibt sie verschont. Darum bietet die Tiefendimension den Blick auf das ursprüngliche Wesen des Menschen an, auf das Urprogramm des Lebens, auf seinen Sinn.

Der wahre Fortschritt, wie ihn die Natur kodiert, wird durch den Einblick ins tiefste Innere offenbart. Im Vergleich mit dem geistigen Fortschritt, erscheint der soziale als ein Rückwärtsgang. „Vorwärts" liegt nicht die Zukunft. Das weltliche Vorwärts führt in die tierische Vergangenheit zurück.

c. Der sittliche und geistige Fortschritt.
Die Menschheitsgeschichte entwickelt sich nicht nach dem Modell des Reifens und Alterns eines Menschen. Der Geschichte fehlt der immanente *spiritus movens* –

der bewegende und zielbewusste Geist - der das Leben in die Geschichte brachte. Nach den Illusionen der Vergangenheit, die in diesem Glauben mehr oder weniger gefangen waren und Europa mit Friedhöfen übersät hat, wissen wir heute besser, dass wir alleine an unsere Tugend und den gegen Gefühle und Emotionen resistenten Verstand angewiesen sind. Die „Fortschrittsengel" waren das Ergebnis einer tragischen Illusion.

Was wir mit dem technischen und kulturellen Fortschritt in der Zukunft machen werden, wie wir die Ergebnisse der wissenschaftlichen Forschung nutzen werden, erfahren wir von unserer Vernunft. Sie hat alle ihre Entgleisungen in der Vergangenheit rekonstruiert und aufbewahrt. Nach welcher Gesetzmäßigkeit soll es in der Zukunft anders laufen? Korrigieren lässt sich die Geschichte nicht. Ihre Verarbeitung liefert jedoch wertvolle Hinweise für eine Gestaltung der Gegenwart. Ein leitendes Prinzip, das den Zugang zu den Gesetzen des Fortschritts öffnet, haben die Hekatomben vergangener Kriege enthüllt: Der feste Boden für den Fortschritt auf dem alles Gute gedeihen kann, ist der eigene Garten der Seele. Wird er kultiviert, werden wir gesunde Früchte ernten. Die Unbeweglichkeit des modernen Geistes in Hinblick auf das überirdisch Gute, lässt jedoch Hoffnungen abkühlen. Der menschliche Geist wächst nicht in den Himmel hinein, er schlägt Wurzeln in die irdische Realität mit gleichzeitiger Entwurzelung seines Wesens aus dem himmlischen Herkunftsland. Er macht „Fortschritte" nach rückwärts – in die tierischen Verhaltensmuster eines biologisch bedingten Leibes. Statt den Körper zu vergeistigen, verkörpert er immer tiefer seinen Geist.

Die Gefahren des wissenschaftlichen, des technischen und besonders des militärischen Fortschritts, sind allen kritisch denkenden Menschen bekannt. Fortschritt im Bereich des Machens, geht nicht im Gleichschritt mit dem Fortschritt im Bereich der Handlung. Der soziale und individuelle Fortschritt, im Sinne einer sich schrittweise vollziehenden Vervollkommnung des menschlichen Tuns, in Richtung auf mehr Fürsorge, Güte und Gerechtigkeit, ist zum wissenschaftlich-technischen Fortschritt konträr. Es gibt keine technische Neuheit, die nicht auch zu kriminellen Zwecken benutzt worden wäre. Die Zivilisation kann den Menschen nicht erziehen. Das kann die Kultur in ihren höheren Bereichen. Den psychischen und geistigen Bereich, den früher die Kultur pflegte, füllen heute die technischen Artefakte, die alles andere sind, als Mittel zur Weltverlassenheit. Der Zuwendung zur Zivilisation entspricht die Abwendung von Kultur, mit allen negativen Folgen für das Einhalten der Gerechtigkeitsnormen, für das Verfolgen der objektiven Zielsetzung des Lebens. Auf der Autonomie der Zivilisation, auf der Abkoppelung von der Kultur, lastet die Verantwortung für die Taten der Grausamkeit und Morde der letzten großen Kriege.

Die fortschreitende Bildung des Verstandes, ohne die gleichzeitige Erziehung der irrationalen, niederen Natur, kann den Menschen niemals bessern. Außerdem ist die moderne Verstandesklugheit erdgebunden und steht dem Fortschritt des geistigen Wissens im Wege. Die ansteigende Vervollkommnung des Machens entzieht dem Menschen die Energie für die Entwicklung der Geisteskräfte, die alleine zählen.

Kapitel 8 Freiheit – ein Geschenk der Vernunft?

a) Unterwerfung der Freiheit unter die Rationalität.

Die erste Freiheitsschrift der Neuzeit geht auf den Philosophen *Spinoza* zurück. Im Jahre 1670 veröffentlicht er den theologisch-politischen Traktat, indem die Bibel, Religion und der Staat einer rücksichtslosen Kritik unterworfen wurden. Er fordert die Befreiung der Menschen vom politischen Zwang und religiösem Aberglauben. Seine Ideen wurden zum Programm der neuzeitlichen Humanität. Für sich und andere erkämpfte er die Freiheit des Philosophierens: dem Staat und der Religion kann sie nicht schaden.

Aus der heutigen Sicht sind der Aberglaube des Volkes und manche Formen politischer Unfreiheiten verschwunden. Hat aber auch der Umfang der Freiheit zugenommen? Hat die geforderte Rationalität, die den Weg in die Freiheit ebnen sollte, in den letzten Jahrhunderten tatsächlich mehr Freiheit gebraucht? Im Vergleich zu der politischen Fremdbestimmung ist die politische Selbstbestimmung gewachsen. Die Freiheitsbeschränkungen in allen demokratischen Staaten nehmen laufend zu. Die Spionage unter den „befreundeten" Staaten, das Abhören unbescholtener Menschen, der Aufbau monströser Elektronik, die jeden, an jedem Ort der Welt im Blick behält, der Terror der Steuerbehörden, die unübersichtlich gewordene Menge von Gesetzen und Vorschriften, die jeden Schritt und Handgriff bestimmen wollen – ist das die rationale neue Freiheit, für die Abertausende Europäer gestorben sind? Unsere Leiblichkeit und Geistigkeit wird durch Ordnungsgesetze gesteuert und von der Polizei überwacht. Wer hier noch eine Nische für seine private Freiheit sucht, gehört zu den Unwissenden. Auch im sozialen Lebensbereich ist jeder Einzelne in ein Dickicht von Pflichten gesetzt. Die Vorschriften wurden jedem Bürger auferlegt und somit regelt nicht die Freiheit das Leben der Menschen, sondern der Staat. Von der erträumten Freiheit der Humanisten ist nichts als eine hundertfache Menge von neuen Unfreiheiten geblieben. Die Menschen akzeptieren die neuen Unfreiheiten, keiner geht auf die Barrikaden, wenn ihn die Steuerbehörde auszieht, die Polizei seine Wohnung durchstöbert oder ein Journalist sein Leben in der Presse publik macht. Von der erträumten Freiheit der Humanisten ist nichts als eine Menge neuer Unfreiheiten geblieben und eine Unzahl von Friedhöfen auf der ganzen Welt.

Der Unterschied zu damals liegt in der Fähigkeit des rational gestimmten Verstandes, der die neuen Unfreiheiten akzeptiert und keiner bereit ist zu sterben, wenn ihn die Behörden wenden und drehen, ganz nach ihrem Gefallen.

Das Erwachen der Vernunft zur wissenschaftlichen Rationalität, hat auch die letzten Freiheitsträumer aus ihrem romantischen Schlummer wachgerüttelt: Freiheit jenseits der Notwendigkeit gibt es nicht! Wer noch ankämpft, ist ein Verlierer! Oder wir brauchen ein neues Bewusstsein! Sobald der Staat und seine Polizei uns mit ständig neuen Unfreiheiten kleinkriegen will, trösten uns die Philosophen mit neuen Begriffen der Freiheit und lenken unsere Aufmerksamkeit auf intakte Freiheiten, die uns noch geblieben wären. Hier einige Beispiele:

Freiheit von Nötigung: die liegt überall dort vor, wo ein Lebewesen zu seinen Reaktionen und Verhalten nicht von seiner Natur genötigt wird. Das, was z. B. ein Mensch tut,

Mensch tut, ist immer noch Ausdruck seiner freien Entscheidung; Freiheit der Spontaneität – sie wird bei allen Lebewesen beobachtet. Die Tätigkeiten entfalten sich gemäß ihrer Natur, ohne Nötigung und Zwang; Freiheit der Indifferenz – beobachtet wird sie bei allen Lebewesen und Menschen. Sie ist Ausdruck der Entfaltung, der in der inneren Natur angelegten Möglichkeiten zu konkreten Reaktionen und Gewohnheiten, wenn die Wirklichkeit Anlass dazu bietet; Freiheit des Urteils – kann aus dem Wissen der Natur kommen, oder auch durch das Wähnen über mehrere Möglichkeiten hervorgerufen werden; Die Freiheit zum Guten – was die Wesen begehren, weil sie aus ihren Neigungen z. B. nach Nahrung oder dem Drang nach Paarung kommt, vollendet ihre Natur; Freiheit als Selbstursächlichkeit, wird auch unter dem Begriff der sittlichen Freiheit des Menschen bekannt. Ihr Träger ist der freie Wille und der ethische Verstand. Sie kann sich jeder anderen Form der Freiheit widersetzen und nach Maßstäben der ethischen Normen zu einer Handlung oder ihrer Verweigerung entscheiden.

Die aufgezählten Grundzüge der Freiheit der Natur charakterisieren jeden individuellen Menschen. Diese „Freiheiten" unterscheiden sich durch Anwendung der Mittel, die zum Ziel führen und die Anordnung der Ziele zum höchsten und letzten Ziel. Die Entfaltung der Freiheiten der Natur zum festen Besitz der individuellen Person ist damit von Zufälligkeiten des konkreten Lebens, vom Charakter und Temperament und vom Niveau der Geistigkeit abhängig. Nicht unbedeutend ist auch das Bemühen um die Umwandlung der eigenen Natur.

b) Unfreiheiten der neuen Freiheit.

Für die Befreiung von eingetretener Unfreiheit, muss gekämpft werden! Die Fesseln der Unfreiheit fallen nicht von alleine ab. Wer sich z. B. von seiner Suchtabhängigkeit befreien will, muss sich den Schritten einer Suchttherapie stellen und sich auch gegen die oft häufigen Proteste der abhängig gewordenen Natur durchsetzen. Die Unfreiheit der Sucht – der Zwang zur Einnahme der Droge – z. B. der Zigaretten, wird durch den Zwang ersetzt, negative, psychische Zustände zu ertragen und das oft über lange Zeiträume hinaus. Oder wer zu schwer geworden ist, weil er von ungesunden Lieblingsspeisen abhängig ist, muss sich dem Zwang stellen, seine Ernährung umzustellen und eine Zeit lang den inneren Widerstand gegen den neuen Ernährungsstil aushalten lernen.

Negative Gewohnheiten binden die freie Entscheidungsgewalt über das eigene Verhalten. Sie drängen den wichtigsten Teil der persönlichen Freiheit, das Freisein von Zwängen. Der Weg zur Freiheit von persönlichen Zwängen wird durch Übernahme neuer Zwänge ersetzt, die in ihrer klaren Notwendigkeit, vom eigenen Verstand befürwortet werden. Die neue Freiheit von den Suchtzwängen ist somit von der Unfreiheit neuer Therapiezwänge möglich geworden. Die Freiheit vom Bösen wird von der Unfreiheit des Guten ersetzt. Die bösen Folgen des Guten begleiten das Leben eines jeden Menschen in den modernen Gesellschaften. Es sind die Fallstricke der Freiheit, von denen niemand mehr frei ist.

Es gibt eine zunehmende Zahl von Frauen, die auf ihren selbst gewählten Weg mit einem Wermutstropfen im Gemüt reagieren. War das Leben der Mütter und

Omas in den alten „besseren Zeiten" viel freier und schöner? War es nicht richtiger, die Kinder selber zu erziehen? - die Pflichten und Rechte der Hausfrau zu akzeptieren und in die kalte Berufswelt, den Familienvater zu schicken? – fragen sich Frauen, die der Unfreiheit der häuslichen Existenz entflohen sind und sich in die Unfreiheit des Berufslebens stürzen. Die neue Freiheit wird nur durch Annahme neuer Notwendigkeit (also neuer Unfreiheit) möglich sein. Die neuen Zwänge stellen die erhofften Zwänge in Frage. Ein freies Leben in einem System rationaler Notwendigkeiten zu führen, ist nur in der Welt der Phantasie möglich. Selbstzwang zum Leben unter der Gewalt von Vorschriften und Gesetzen ist heute der normale Alltag aller erkämpften Freiheiten. Dass jedoch die Unterordnung unter die Zwänge den Alltag ausmacht, widerspricht der Idee der Freiheit.

Viele haben sich von der Wissenschaft, mit allen ihren Abzweigungen und Anwendungsgebieten in der Wirtschaft, Medizin und Technik, mehr Freiheit erhofft. Die Hoffnungen haben sich für viele schmerzhaft zerschlagen. Die Toten auf den Strassen, im Luftverkehr, auf den Meeren, die Infizierten durch verseuchte Krankenhäuser, falsche Medikamente und fehlerhafte Diagnosen, vergiftete Lebensmittel, verpestete Luft und unsauberes Wasser, klagen die Zivilisation an, ob ihres lässigen Umgangs mit den Menschen. Wer seine Freiheit zu erweitern wünscht und sich ein Auto kauft, muss nicht nur das Auto bezahlen auch den Unterhalt und die technischen Kontrollen, sich dem Stress der Strassen ausliefern, die Steuern bezahlen – alles das, kostet nicht nur Geld, sondern auch unsere Freiheit. Mehr Kosten bedeutet mehr Arbeit, mehr Sparen und weniger Freiheit. Wer sich die ständig wachsenden Lebenshaltungskosten nicht leisten kann, kommt auch nicht in den erhofften Freiheitsgenuss durch die Zivilisation. Wer sich das leistet, hat es wiederum mit gestiegener Unfreiheit bezahlt. Ob die modernen Haushaltsgeräte und die gesamte Freizeitelektronik, die Menge und Qualität der persönlichen Freiheit erhöht haben, lassen Lebensforscher stark anzweifeln.

Die Spielsucht alleine stürzt Jahr für Jahr Abertausende junge Menschen in die Abhängigkeit und bewirkt ihre persönliche Unfreiheit. Wer besitzt heute noch die innere Kraft, die Tiefe des Verstandes, das Zielwissen von der eigenen Natur, um in allen Lustquellen die Gefahr der Unfreiheit zu erkennen?

Der „Trost" – den uns die modernen „Freiheitsforscher" vermitteln wollen, läuft auf die rationale Anerkennung der Lebensnotwendigkeit hinaus. Ein Zwang würde nur dann der Freiheit widersprechen, wenn er von außen käme. Wer die Notwendigkeit der Anwendung des moralischen Zwangs, mit der Bewegung des eigenen Verstandes begründet, nimmt den Zwang freiwillig an, fügt sich den Pflichten und als braver, süchtiger Bürger, unterwirft seine Persönlichkeit den Mechanismen der Wirtschaft und Politik. Wie die Superorganismen funktionieren, wird von spezialisierten Wissenschaftlern immer deutlicher als Resultat vom Zusammenwirken aller dieser Zwänge erkannt. Neue, strenge Formen von Zwängen werden angestrebt, um das Funktionieren der großen und kleinen Welt zu ermöglichen.

Die Wissenschaft hat keine Freiheit gebraucht und das kann sie auch nicht: Erkenntnisse, die rational gewinnbar sind, haben einen Notwendigkeitscharakter. Sie erweitern den Bereich der Zwänge mit jeder Entdeckung neuer Gesetze. Wer am Leben bleiben will, muss sich diesem Prozess beugen. Niemand will ins Feuer springen, um seine Entscheidungsfreiheit unter Beweis zu stellen. Die Natur bildet ein System von Gesetzen, die unter Bedrohung respektiert werden wollen. Wer die Freiheit vor der Notwendigkeit wählt, wird durch die Wirkung der Notwendigkeit untergehen. Die Wissenschaft vergrößert täglich das Reich der Notwendigkeit unter der Berufung auf ihre Rationalität. Mit der sie die Notwendigkeit begründet, verkleinert sich das Phantasiereich der Freiheit.

Die neue Vernünftigkeit hatte zwar den Aberglauben vertrieben, gleichzeitig aber auch die Reservate der Freiheit mit zwingender Rationalität bevölkert. In diesem Geist äußern sich auch die Politiker, wenn sie ihre Entscheidungen als alternativlos bezeichnen.

c) Naturwille gegen den Geistwillen.
Die menschliche Freiheit ist kein eindimensionales Gut. Es gibt die leibverwurzelte Freiheit, die durch sinnliche Erkenntnisse vermittelt wird und darum auch sinnenhaft bleibt. Sie begehrt die sinnlichen Güter, das alles, was der Körper und die niedere Natur anstreben. Manche Philosophen nennen diesen Teil der menschlichen Aktivität – den Naturwillen. Hier liegt die Quelle der Geschlechtlichkeit, des triebbestimmten Verhaltens, der moralisch bösen Gefühle wie Hass, Zorn, Neid, Rache, etc. Die Beziehung zwischen dem Naturwillen und dem Geistwillen bildet das zentrale Problem der Freiheitsgeschichte. Der Geistwille ist ein Gegenspieler des

Naturwillens, er repräsentiert den Geist – den inneren Menschen und strebt nach Verwirklichung geistiger Werte im Leben. Der Konflikt zwischen dem Geistwillen und dem Naturwillen ist in jedem menschlichen Individuum bis heute unverändert existent. Von den Philosophen und Religionen kamen ständig auch wertvolle Lösungsversuche, die sich nicht immer einer allgemeinen Akzeptanz erfreuten. Es gibt Denksysteme, die alleine den Geistwillen vertreten und unter Freiheit nur die Freiheit des Geistes verstehen und auch Vertreter des Naturwillens, die wiederum die Triebfreiheit, die Freiheit der Emotionen und Gefühle legalisieren wollen. Wer unter dem Begriff der Willensfreiheit, die Herrschaft des Willens über jeden Akt des Menschen versteht – über das Denken, Gefühlsleben, über die Erinnerungen und Phantasiebilder, über die Entscheidungen im praktischen Leben – muss berücksichtigen, dass diese Art von Freiheit ein sekundäres, kontrolliertes und anerzogenes Gebilde ist, das der Naturfreiheit auferlegt wurde. Es entsteht als Folge der Erziehung zur Freiheit, das heißt, sie entspricht dem erzieherisch aufgezwungenen System gesellschaftlicher Notwendigkeiten.

Freiheit ist nicht nur eine Eigenschaft des Willens (Willensfreiheit) und der Handlung (Freiheit des Tuns). Der Wille und das Tun gehen aus der Natur des Menschen hervor und darum muss die Freiheit ihre Wurzeln in der menschlichen Natur haben. Die auf *Aristoteles* zurückgehende Auffassung der Seele als formende Kraft des Körpers, lässt durchblicken, dass die Leiblichkeit auch an den geistigen Kräften der Seele beteiligt ist. Der Naturwille wäre eine analoge Wiederholung des Geistwillens auf der Ebene der Körperlichkeit.

156

Die Willensfreiheit ist ein Teil des naturgegebenen Wissens. Wie die Jungvögel ihre Flugrichtung von der Brutstätte zurück in den Süden naturgemäß kennen, so ist sich auch jeder Mensch seiner Freiheit bewusst. Durch das natürliche Reflektieren in sich selbst, entschleiert sich bereits die Freiheit des Wollens und des Tuns in der Kindheit. Im Wesen des Menschen ist sie tiefer verankert als jede andere, von der erzieherischen Umwelt kommende Einschränkung. Gegen diese Einschränkung wehrt sich auch das Kind heftig. Der Verzicht auf die Freiheit wird im Erziehungsprozess dem Kind auferlegt. Das Wissen von der eigenen Willensfreiheit bleibt jedoch trotz aller erzieherischen Maßnahmen unausrottbar bewusst. Ohne die prinzipielle, naturgegebene Freiheit, wäre auch ihre Umerziehung zur sozialen gesellschaftlichen „Freiheit", die eigentlich das Gegenteil zu der ursprünglichen Naturfreiheit ist, gar nicht möglich. Die Verhaltensmuster, die wir dem Kind auferlegen, verletzen seine naturgegebene Freiheit und führen das Kind in ein komplexes System von gesellschaftlichen Notwendigkeiten. Die aufgezwungene Lebensführung, nach den determinierenden, gesellschaftlichen Konventionen, nennen wir dann „Freiheit". Dieses Kulturgut ist eigentlich ein Blumenstrauß auf dem frischen Grab der Naturfreiheit.

Unser Wille ist nicht auf das einzelne und konkrete Gute bezogen und jede Entscheidung darüber, ob das konkrete, einzelne Gute, tatsächlich den begründenden Bezug zum allgemein Guten (bonum commune) hat, muss die Vernunft entscheiden. Ob dann auch die Entscheidung richtig war, hängt wiederum von weiteren Entscheidungen ab, vor allem von dem Freisein der

Vernunft, also von Triebdruck, von emotionaler Umnachtung, von schlechten Gewohnheiten, etc. Freie Handlung muss gegen eine ganze Meute von Freiheitsräubern erkämpft werden.

Gegen die Verlockungen seitens des sinnlichen Einzelgutes haben sich die Moralsysteme verschiedene Vorgehensweisen ausgedacht: Schnelle Abwendung, schnelle Hinwendung zu anderen Gütern: Meidung der Gelegenheit, Lenkung der Einbildungskraft auf die gegenteiligen Güter, die Vernunft dahin zu erziehen, den Naturwillen in seiner ganzen Vielfalt von Einzelstrebungen, auf das sittliche Allgemeingut zu leiten und die Freude versprechen, die aus sittlichen Handlungen resultiert, den unmoralischen Impulsen zeigen, welche bösen und schadhaften Folgen, das Zulassen der unmoralischen Strebungen für die eigene und auch soziale Lage der Person, nach sich ziehen würde. Diese Lenkung ist möglich und wirksam, weil alle Gefühle und Strebungen sich der Vorstellungskraft bedienen. Mit Hilfe der angepassten und lebendig erzeugten Bilder, kann die hemmende Wirkung eintreten und die amoralischen „Versuchungen" des Naturwillens sanft verdrängen. Das sinnliche Begehren, so lange es nicht zu einer Gewohnheit und einer festen Abhängigkeit geworden ist, kann vom Geistwillen und Verstand gut erzogen werden. Diesen Weg gingen die Asketen in Ost und West. Sie unterstützten ihren Weg zu innerer Freiheit, zusätzlich durch Tag- und Nachtgebete, lange Meditationen und Nahrungsentzug. Durch diesen Erziehungsprozess werden die Kräfte der Sinnlichkeit und der weltlichen Emotionen zu Tugenden umgewandelt. Um in dem Dickicht des undurchdringlich Konkreten, die richtige Tatentscheidung zu treffen, sind Tugenden, besonders

die Klugheit, nötig. Sie entstehen im Verlauf der Lebens-
erfahrung und dem Erwerb geistiger Lebensführung.
Auch die Gewohnheit, den Alltag mit regulierender
Wachsamkeit zu begleiten und alle Ereignisse unter dem
Aspekt der höchsten Zielsetzung des Lebens zu beo-
bachten, maximiert die Freiheit.

d) Freiheit – ein Teil der Notwendigkeit?

Die meisten Menschen sind bereits von eigenen
Wünschen abhängig geworden. Dass sie nun auch noch
in eine künstliche, sterile Sklaverei der erdachten
Rationalität hinein getrieben werden, nicht um ihr Leben
sicherer zu machen, sondern kontrollierbarer und über-
wachter und dazu noch das ganze Unternehmen mit dem
besten Willen des Staates nach Schutz und Sicherheit zu
begründen, verdoppelt ihre Sklaverei und somit schließt
die neue Rationalität, die letzten Freiheitsräume des
Menschen. Eine Endform seiner „sicheren Existenz" ist
die doppelte Sklaverei jedoch nicht. Über neue rationale
Notwendigkeiten wird bereits in den Wissenschaften
gebrütet. Zu den trügerischen Impulsen seiner niederen
Natur, gesellen sich nun betrügerische Intentionen des
staatlichen Cerberus!

Die neue Vernünftigkeit, die mit den Mitteln der
geschulten Rationalität, die Freiheit – nach dem Modell
von **Karl Marx** – auf Notwendigkeit der eingeführten
Verhaltensnormen herabsetzt, versucht ganz offensicht-
lich das alte Netz der Kausalität über das gesamte Tun
des Menschen zu werfen.

Zu bedenken wäre die Richtigkeit des Vorgehens der
modernen Freiheitstheoretiker, die ihre Wahrheiten aus-
klügeln und alles rein nach der rationalen Denkmethode

begründen. Letzten Endes löst sich die Freiheit im noch schlimmeren Determinismus auf, als in den immer als schlecht empfundenen Nachgeben gegenüber dem biologischen Triebdruck. Wäre hier nicht der Anschluss an die Jahrtausende alte Tradition der Anbindung des Verstandes, an das in uns brennende Licht der universalen Wahrheit besser, als das Licht, das in Demut empfangen werden kann und das sich dem hochmütigen Forscher im Dunkel auflöst?

Das Wirkliche – die Erkenntnis der Wahrheit – hat mehrere Tiefenschichten. Wer an ihrer Oberfläche hängen bleibt und meint: „Das wäre es!", ist kein Wissender und kein Liebhaber der Wahrheit. Die Fackelträger der modernen Vernunft haben längst das Individuum verlassen und sind in die Sachgebiete abgewandert. Was sie der Menschheit nun zeigen, sind Gesetze, Notwendigkeiten und Determinismen. Die Freiheit wird unter die Notwendigkeit untergeordnet. Das ist ein Grund mehr dafür, dass das Ethos der Hochschätzung der eigenen Freiheit immer mehr von der politischen auf die spirituelle Freiheit verlegt wird.

Weil der kognitive Bereich in eine Gefühlssphäre eingebettet ist, die das Ich direkt beeinflusst, hält das Ich auch die Erkenntnisse in seiner Gefangenschaft. Sachbegründete Freiheitsideen hätten nur dann eine Durchsetzungschance beim Ich, wenn sie keinen Widerstand im irrationalen Teil der niederen Natur geweckt hätten.

Durch die Umerziehung der Strebungen, Gefühle und Emotionen zu sicheren Tugenden, wird der Erwerb von rechtem Freiheitswissen, zu rechtem, freiheitlichem Leben führen. Bei Mangel an Gefühlserziehung hat die Realisierung von Freiheitsideen keine Chance. Triebe,

Affekte, Befindlichkeiten, Stimmungen und Haltungen, die über den Ichgrund des Denkens bestimmen, entmachten jede rationale Logik, auf deren Boden die Ideen gründen.

In den Jahrhunderten hat die Idee der Freiheit einen Sinnwandel erfahren. Im Fokus des Denkens stand nicht mehr die innere Freiheit und ihr Bezug zu Gott, sondern die äußere Freiheit, Freiheit von ungerechten, sozialen Verhältnissen, die auch mit äußeren Kampfmitteln zu erringen schien. Die Pflege der Willensfreiheit, die das Denken von Einflussnahme seitens der niederen Natur schützen würde, wurde aufgegeben. Der moderne, von feudalistischen Unfreiheiten befreite Bürger, wurde dahin erzogen, dass er auch sinnlose Bestimmungen der Behörden und ihre Forderungen nach räuberischen Abgaben, mit *„stridor dentium"* akzeptiert. **Karl Marx** grinst sicherlich von seiner Wolke herab, dass seine Bestimmung der Freiheit als Anerkennung der Notwendigkeit endlich akzeptiert und vollzogen worden ist.

Freiheit ist jedoch niemals ein notwendiges Tun – nicht nur von der Seite des Handelnden, sondern auch von den so genannten äußeren Notwendigkeiten her. Nichts kann den Handelnden zu seinem Tun determinieren. Er ist auf das überirdische, höchste Gut, von seiner eigenen Natur her, bezogen. Ein notwendig gewordenes Handeln, wäre ein Idealmittel für alle Despoten und Werbeagenturen. Die Tatsache jedoch, dass eine große Zahl von Menschen ihre Entscheidungen unter Zwang vollzieht, geht auf die Versäumnisse ihrer Befreiung von der niederen Natur der Triebe, Emotionen und Strebungen zurück.

TEIL II   Glaube, Hoffnung, Liebe, Friede, Freude.

Einführung:

a. Gegen die „*Fallsucht des Verstandes*" beim Aufstand der rationalen Teile der niederen Natur schützten sich die Christen mit ihrer theologischen Tugend des Glaubens. Dabei ging es nicht alleine um das Behalten der Glaubensinhalte. Wichtig war die Konstanz und die Abprallkraft des Glaubens. Um dem aufweichenden und porös machenden Druck des Zweifelns einen ebenbürtigen Widerstand zu leisten, musste der Glaube unerschütterlich sein. Der geringste Zweifel käme einem Spalt in einer Schutzmauer gleich, die das Wasser aufhalten soll. Wenn Jesus seinen Jüngern den höchsten Vollkommenheitsgrad zu verwirklichen empfiehlt (seid vollkommen wie der Vater im Himmel), dürfen sich die Christen der Vollkommenheit Gottes bedienen und seine Macht in Anspruch nehmen. Die geistige und psychische Sicherheit will gespürt und erlebt werden, in jedem Fühlen und jedem Tun. Gegen diesen Damm, der täglich geprüft und gefestigt wird, haben irrationale Kräfte keine Durchsetzungskraft.

Die gleiche Unerschütterlichkeit gegen Hoffnungslosigkeit und Verzweiflung bildete die Tugend der Hoffnung. Sie war die Vorwegnahme der Erlösung und damit der endgültigen Einheit mit Gott. Aus dieser Perspektive heraus war jeder Morgen, jedes Kommen, in einer glückverheißenden Zukunft untergebracht. Ist die übersinnliche Zukunft allen Krisen entzogen, hat das tägliche Hoffen bereits Glücksanteile an der Erfüllung der Zeit.

Der Tugend der Liebe wurde ein Platz zugewiesen, an dem sich die größten Verbrechen der Vergangenheit und Gegenwart ereignen: der Egoismus! Auf die egoistischen Sirenenrufe ist kein Mensch taub. Ihn mit seinem Wurzelstock auszureißen, war das Hauptideal der christlichen Vollkommenheitslehre. Wer den Weg der Liebe geht, steht auf dem sichersten Boden, zur Befreiung seiner Natur aus den Krallen des Bösen. Er verwirklicht alle Ideale, auch der rational begründeten Sittenlehre und wird niemals scheitern. Die irrationale Natur, die den Verstand immer wieder enteignet, hat keinen Zugang mehr zum Ich. Friede und Freude ziehen in die Wohnung seines Geistes ein.

b. In den letzten Jahrhunderten hat die Problematik der außersinnlichen Wahrnehmung ihren Einzug in die Wissenschaft gefunden. Die Nutzbarmachung der Träume und der, der Ebenen des Medialen, die Retrokognition und die Präkognition, die hellsichtigen Empfänge und Übertragungen, haben die dogmatische Strenge des rationalen Verstandes aufgelockert und den ursprünglichen Druck niederer Natur auf das Ich zurückgenommen. Unterstützt durch tägliche Meditation, siedelt sich das Bewusstsein der Menschen immer mehr im Neuland der eigenen, übersinnlichen Natur an.

Kapitel 9   <u>Natur, Erziehung und Liebe</u>.

a) der Naturbegriff.

Das deutsche Wort „Natur" kommt vom lateinischen Begriff „natura" und bedeutet das Werdende, das ohne fremde Hilfe, aus sich selbst Entstehende. Das Entstehen bezieht sich auf das Aussäen, Aufkeimen und Gerenwerden. Weil das individuell Existierende ja eigene Natur hat, der gemäß es sich entwickelt und verhält, folgt es den Gesetzen unter denen diese Entwicklung steht. In dieser Bedeutung steht die Natur mit den Begriffen des Wesens, der Wesenheit oder Essenz zusammen. Der unveränderliche Kern der Natur, der in ihrem Wesen seinen Ausdruck findet, hat einen normativen Charakter und erlaubt das Natürliche vom Unnatürlichen zu unterscheiden und das Widernatürliche anzuprangen.

Die Natur ist von höheren Kräften als sie selbst umgeben und ihrer Wirkung ausgeliefert. Von den Menschen wurde sie zu einem unerschöpflichen Stofflager, zu einem Depot von Stoffen umgestaltet. Dafür bedient sich der Mensch einer wissenschaftlichen Rationalität, die eine systematische, logisch-mathematische Vorgehensweise in der Umgestaltung der Natur anwendet. Die auf diesen Prinzipien entwickelte Technik, soll dem Menschen sein Dasein in der Welt ermöglichen.

Die höhere Kraft, mit der die Menschheit die äußere Natur ausbeutet und umwandelt, befindet sich im Menschen selbst, in seinem Verstand, dem Willen und vor allem in seinem Geist.

Die Zivilisation hat in erster Linie mit der Natur zu tun, die in der Außenwelt existiert und sich mit entsprechend konstruierten Geräten ausbeuten lässt. Sie ist unseren

Sinnen zugänglich und mit angewandten Techniken lässt sie sich verarbeiten.

Dem gegenüber ist der Teil der Natur, der zum Partner des Geistes gehört, ein Teil des Menschen selbst. Es geht um das animalische Vermögen des Menschen, um seine diesseitigen Strebungen, Instinkte, irdisch gerichteten Wünsche und Bedürfnisse. Um zu überleben, muss die niedere Natur vom Geist zum Partner erzogen werden. Das kann nur dann verwirklicht werden, wenn die niedere Natur sich dem Geist vollkommen unterordnet. Dafür besitzt der Mensch die Kultur, die das Verfahren zur Unterwerfung der niederen Natur besitzt und die Zivilisation, die wiederum die äußere Natur verwandelt.

Wie es täglich zum Vorschein kommt, nimmt das Wachstum der Kultur kontinuierlich ab. Zu den Ergebnissen der Zivilisation zählen wir dagegen täglich neue Zuwächse. Je mehr wir die äußere Natur unterwerfen, desto intensiver werden wir von der inneren Natur selber unterjocht. Entwickeln wir die Technologie auf Zeitkosten der Erziehung?

Das Erlangen der Herrschaft über die innere Natur, war das älteste Erziehungsideal der Menschheit. Jetzt wird es durch Bildung ersetzt. Die äußere Natur lässt sich von der technischen Zivilisation zur Befriedigung verschiedener Bedürfnisse verarbeiten, auch zu destruktiven Zielen. Bei bestehender Schlechtigkeit der Menschen, erscheinen ganze Bereiche der technischen Zivilisation als nicht von guten Bedürfnissen abgeleitet. Was jedoch das Gesicht der Technik in dunklen Farben erscheinen lässt, ist immer die Intention des Menschen, der das technische Machen verwerflichen Zielen unterstellt. Das Prinzip des Bösen wohnt nicht in der äußeren Natur. Es wohnt im wild gebliebenen Inneren des Menschen.

In der griechischen Antike waren es die Stoiker, die den Begriff „Gesetz der Natur" (*lex naturae)* in die Reflexion einführten. Gedacht war er als Basis für alle Formen gesellschaftlicher Ordnung. Im Mittelalter wurde die Idee des *lex naturae* in die Lehre von Gesetzen eingeführt. In veränderter Form, aber in gleicher Intention, wurde das Naturrecht in die Unabhängigkeitserklärung der Vereinigten Staaten und in die Verkündigung der Menschenrechte durch die Französische Revolution aufgenommen.

Die Grundidee des Naturrechts lässt sich in der Überzeugung ausdrücken, dass, „die Natur ahmt in ihrem Wirken, das Wirken Gottes nach." Gott hätte allen Dingen die Vernunftordnung der „göttlichen Kunst" eingeprägt (Thomas von Aquin, S. th. I 66, 1, 2). Die im Barock nachfolgenden Spekulationen haben den Naturbegriff zersetzt und die hierarchische Naturordnung wurde für Jahrhunderte vergessen. Durch die Instrumentalisierung und die Mathematisierung ist die Natur ihrer normativen Wirkung beraubt worden.

Verschiedene ethische Lehren des zwanzigsten Jahrhunderts brachten wieder den alten Naturbegriff zur Geltung. Dabei geht es hauptsächlich der Theologie um die Begründung des Glaubens, in dem jeder einzelne Mensch von Gott selbst zu seinem transzendentalen Ziel geführt wird. Dieses Ziel wäre im Inneren des Menschen verankert und gäbe seinem Leben den absoluten Sinn.

Wie menschliche Vernunft, so widerspiegelt auch die geschaffene Natur Gott. Die Natur stünde mit der Übernatur in einer Einheit und wäre auf eine übernatürliche Erfüllung ausgerichtet.

Die Theologen der Gegenwart sind bemüht klarzustellen, dass die Hinordnung des Menschen auf die

Übernatur und damit auf die Gottesschau im Wesen eines jeden Einzelnen verankert ist. Mit dem Begriff der „Übernatur" will man auf die Existenz von Welten hinweisen, die im Bezug auf die Natur nicht von dieser Welt sind, die jedoch auch den Sinn dieser Welt erklären helfen. Das Übernatürliche ist nicht das Unnatürliche. Es ist das Erklärende und Verursachende des Natürlichen.

Die Natur des Menschen braucht ihre Pflege. Sie will vor Gefahren geschützt werden und wartet auf Veredelung. Sie will mit den seinshöheren Wesensbestandteilen verschmelzen und in den Glorienkörper eingehen. Ohne die Veränderung ihrer Ausrichtung scheitert die irdische Existenz an Verführung durch die niedere Natur. Das Wesenhafte, was ihr fehlt, ist die Erziehung aller ihrer Tendenzen.

b) Die Erziehung der menschlichen Natur.
1. Erziehung durch Kultur.
Die höchste Wirksamkeit der Erziehung erfolgt durch das Einleben eines Volkes in die gemeinsame Kultur auf allen ihren Feldern. Der so entstandene Kulturmensch hat in seinem Wesen die religiös-göttliche Zone, das philosophische und mystische Feld, sowie den Bereich der politischen und juristischen Inhalte integriert. Er wurde zum Mitglied eines Kulturvolkes und alle Fäden der Kultur verbinden ihn mit jedem anderen Individuum.

Durch die Angriffe der „modernen Weisen" auf die Kultur und durch Verbreitung ihrer Meinung, begannen die Kulturvölker zu zerfallen. Die zwischenmenschliche Verbundenheit zerbrach und die Kultur selbst begann sich aufzulösen. Die Individuen fielen in ihre biologischen und psychologischen Bedürfnisse zurück. Die

168

Willkür, politische Machtgier, gegenseitiger Betrug, Missbrauch intellektueller Bildung und platte Klugheitsregeln in gegenseitigen Beziehungen, stehen nun im Dienste der neuen Triebausstattung der niederen Natur. Der rationale Verstand mit Bildung, aber ohne Erziehung – hat den Radius des Bösen erweitert.

Über das mythische Denken der kulturellen Vergangenheit wurde viel geschrieben. Zu wenig jedoch, weil man das Wesentliche außer Acht gelassen hat. Die Bildhaftigkeit der Mythen fesselte die Phantasie und band die irrationale Natur an die höheren Gefühle und an den Willen. Der Mythos war primär an die Gefühle und Emotionen gerichtet und gehörte einer meditativen Form der Erhöhung mit maximaler Effizienz.

Platon, der das Ideendenken formuliert hatte, gestand offen, dass er die Gewinnung der Wahrheit bei den Priestern erlernte, die den pädagogischen und religiösen Hintergrund der Mythen und ihren Wahrheitssinn formulierten. Die platonische Denkungsart, die auf die unmittelbare Ideenschau ausgerichtet war, hat in den nachfolgenden Jahrhunderten nicht nur die Philosophen in ihren Bann gezogen. Ihre Wirkung auf die Mystiker, Theologen und Künstler war enorm. Sogar noch die Philosophen *Husserl* und *Ingarden* bekannten sich zu der platonischen Ideenwelt und in der Analyse der Ideen sahen sie den Sinn der Philosophie. Das Denken, als Analyse der Ideeninhalte, lebt in den Systemen der Logik und Mathematik weiter.

Ein drittes Modell des Denkens entwickelte *Aristoteles,* der bereits durch seine erzieherische Prägung von Zuhause – sein Vater war Chefarzt am Hofe des Königs Philipus, dem Vater von Alexander dem Großen –

empirisch orientiert und eine frei schwebende Ideenwelt sich nur schwer vorstellen konnte. Die Ideen leugnete er nicht, aber gab ihnen einen irdischen Platz. Sie bildeten das Wesen aller irdischen Dinge der belebten und unbelebten Natur. Wer nun zu der wahren Erkenntnis kommen wollte, musste die Ereignisse, Prozesse und Dinge der materiellen Welt studieren, die ihnen innewohnenden Ideen erkennen und zu einem Begriff machen. Wenn sein Begriff mit der Idee des Gegenstandes übereinstimmte, war seine Erkenntnis ein Volltreffer und gehörte nun zu den Wahrheiten der Wissenschaft. *Thomas von Aquin* hatte sein Denkmodell auf die christliche Theologie und Philosophie übertragen und wieder belebt.

Das Denkmodell des Christentums war jedoch innerlich mit Christus verbunden. Der Lehre nach war er mit Gott-Vater identisch, vom Wesen her ewig existent und Mitschöpfer des sichtbaren und unsichtbaren Universums. In ihm und nicht in der platonischen Welt, oder den Dingen selbst, wären alle Ideen als Vorlagen für die Schöpfung und der verstandesmäßigen Wahrheit.

Allen diesen Denkmodellen liegt das Bemühen am Herzen, nicht alleine die abstrakte Verstandeswahrheit darzustellen und sich alleine auf ihre Leuchtkraft zu verlassen. *Platon* verlangt eine strikte Erziehung des tierischen Teils der Menschenseele, übernahm zu diesem Zweck von *Pythagoras* das vierfache Tugendsystem und von den Jungphilosophen verlangte er die Erfahrung des Austritts der Seele aus dem Körper. Vor allem verlangte er die Tugend der Besonnenheit. Aristoteles hatte ein bis heute aktuelles Spezialwerk über die Tugenden verfasst. Er konnte sich einen Philosophen, der seine niedere

Natur nicht dem göttlichen Verstand untergeordnet hätte, nicht vorstellen. Im Bereich des christlichen Denkens, bildete die Erziehung der niederen Natur und ihre Unterwerfung unter den geistigen Willen, die Befähigung zum Studium der Theologie.

Alleine aus der Geschichte des Zweiten Weltkrieges dürfen wir schließen, dass die fähigen Experten auf dem Gebiet der Kernspaltung, auf der Seite der Alliierten, ihre Hassgefühle nicht mehr kontrollieren konnten und der amerikanischen Regierung den Bau von Atomwaffen vorgeschlagen haben. In Folge ihrer Entscheidung stürzte die Menschheit in einen dauerhaften Zustand der Bedrohung. Nicht nur die Erfinder, sondern alle, für den möglichen Gebrauch dieser Waffen, sind Verstandesmenschen, und ihr Ich unterliegt dunklen Emotionen. Der Mangel an Erziehung der unteren menschlichen Natur, kann von dieser Seite zu einer Selbstexekution der Menschheit führen. Auch die Verantwortlichen für die Weltpolitik, haben sich, trotz ihrer hohen Verstandesbildung, über ihre Triebausstattung nicht erhoben, wie die diversen Affären und Korruptionsskandale zeigen.

2. Die Emanzipation des Verstandes von religiösen Glaubensinhalten in der Renaissance und der kühne Wille zum Aufbau von Erdenparadiesen, hat die Verbindung mit der Geistnatur unseres Wesens abgebrochen. Der neue Verstand formte seine Ziele unter dem Wunschdruck seiner unteren Natur. Die Horizonte seiner höheren Natur wurden immer verschwommener, bis sie gänzlich aus seiner Perspektive verschwanden. Die religiöse Thematik löste sich im Dienst irdischer Bedürfnisse auf. Für die neuen Eliten war Gott kein Theologe.

Er war nur ein Mathematiker und Logiker. Zu den vielen Nebenwirkungen des neuen Denkens gehört das Ausschließen des Geistes aus seiner eigenen Entwicklung. Eine logische und mathematische Erkenntnismethode kann sich dem Geist in keiner Weise nähern. Seine Existenz erstreckt sich jenseits, der von den neuen Forschern aufgelegten und kultivierten Feldern.

Den Geist einfach unentwickelt liegen lassen, kann sich jedoch die Wissenschaft von der Welt auch nicht leisten. Sie lebt ja von der Nützlichkeit des neuen Verstandes – dem wichtigsten Werkzeug des forschenden Geistes. Durch die Verengung seines Tätigkeitsfeldes auf rein irdische Ziele, bleibt die spezifisch geistige Verstandespflege auf der Strecke. Ihm wird keine Möglichkeit eingeräumt, die Ziele des Daseins im Leibe zu erkennen und sie auszuführen. Die Priorität wird mit dem Körper vertauscht – und so dient der Geist dem Körper, seinen Trieben und Strebungen. Damit wurde der Geist von jeder notwendigen und gerechten Entwicklung ausgeschlossen.

Die sich bei Geburt vollziehende Einfrierung des Geistes im Leibe, dauert im Lebensverlauf an. Die Verstandesbildung mit Hilfe der wissenschaftlichen Hypothesen und entsprechender Denkungsart, geht in ihrer Einseitigkeit nicht auf die Bedürfnisse des Geistes ein. Das Gelehrte entbehrt jeder Lebendigkeit und lässt jede Beziehung zum Geist fallen. Die erdgebundene Klugheit, die an manchen Schulen vielleicht noch erwähnt wird, ist keine Weisheit als Nahrung für den Geist. Die ihn auszeichnende Würde und Größe werden ihm nicht vermittelt und sogar seine Existenz wird geleugnet. Der Vorteil für die Wissenschaft: sie braucht den Geist nicht zu erklären.

Die Wissenschaft folgt ihren eigenen Interessen und die sind rein irdisch. Das Zusichkommen des Menschen als Geistwesen setzt die Überwindung einer Menge von Vorurteilen voraus. Man muss aus der Umklammerung falscher Theorien ausbrechen und entweder auf dem philosophischen Wege der Selbsterkenntnis, oder rein meditativ sich ins Innere versenken.

Sobald der Geist aus dem Schlummer erwacht, ist die Verstandesherrschaft schnell beendet. Als Voraussetzung der Selbsterkenntnis gehört jedoch eine grundsätzliche Entwurzelung falscher Doktrinen über unser Wesen und das Gehirn.

3. Der egoistische Würgegriff.

Als Nebenprodukt der Zivilisationsverbreitung und der damit verursachten Abwanderung der säkularisierten Massen aus den erziehenden Feldern der Kultur, kann es unter den Betroffenen zu einer Verlagerung der inneren Akzente kommen. Sie arbeiten und leben nicht mehr für höhere Werte, sie sind Gefangene ihrer praktischen Interessen, und die Vorteile für das eigene Ego halten sie für den entscheidenden Antrieb jeder Bewegung. Eine vergleichbare Zeitspanne, in der der egoistische Würgegriff mehr Opfer abverlangte, kennt die Geschichte nicht. Der egozentrische Mensch besetzt alle Posten in den Parteien, den Bildungsanstalten, der Politik und sogar der Kirchen und ihrer Institutionen. Die Wirtschaft, Politik, Kunst und Kultur sind zu Mitteln des elitären Erfolgsstrebens geworden. Es wundert auch niemanden mehr, dass noch kaum jemand aus innerer Überzeugung heraus von den geistigen Berufen Kenntnis nimmt und wenn, dann im Zusammenhang mit „unheiligen" Affären.

Die Praxis der Erziehung an den Priesterseminaren ist weitgehend der intellektuellen Verstandesbildung an den Hochschulen angeglichen. Der Einzug der niederen, irrationalen Natur in das gebildete Ego, wurde im Vergleich zur alten Askesepflicht, erleichtert. Mit den „notwendigen" Anpassungen an den „Zeitgeist" begründen die Kirchen den Vorsprung der Bildung vor der Erziehung in ihren eigenen Reihen. Den Untergang der Religionen und damit auch der Kultur, können sie damit nicht aufhalten. Es wäre an der Zeit, die Maske des Zeitgeistes herunter zu reißen und an der eigenen Schlechtigkeit zu arbeiten.

Die spirituell orientierten Kulturen standen unter dem Primat des Hineinwachsens in die Innenwelt. Die moderne Zeit lenkt dagegen ihre gesamte Konzentration auf die Außenwelt.

Seit Jahrhunderten ist somit das Gleichgewicht der Erziehung zwischen den beiden Richtungen gespalten. Aus der Sicht der kritischen Pädagogen, gibt es kein ganzheitliches Erziehen mehr, sondern eine einseitige Bildung des Verstandes, die auf Vermittlung von rein irdischen Inhalten gerichtet ist. Geopfert wurde damit der Mensch selbst und die Kultur. Die Frage nach dem Gewinner ist nicht leicht zu beantworten. Zunächst gewinnt scheinbar die Zivilisation. Sie bleibt jedoch in ihrem Bestehen, durch nicht integrierte und erzogene Gefühle, Triebe, Neigungen, Aggressionen, Bequemlichkeiten, etc. ständig existenziell bedroht.

Die Unterstützer einer Bildung ohne Erziehung hätten zu bedenken, dass der Mensch kein Gehirn ist. Von der Verstandesbildung werden seine Steuerungsmechanismen nicht erreicht und als Gemeinschaftswesen muss auch seine soziale Tauglichkeit entfaltet werden, die gegenüber dem Verstand resistent ist. Wäre der Mensch alleine aus der Körperlichkeit geformt worden, würde ihm eine innerweltliche Verwirklichung ausreichen. Ohne Unterwerfung der niederen Natur, gäbe es zwischen ihm und der Gemeinschaft keinen Frieden. Von Natur aus hat der Mensch überweltliche Ziele und zu ihrer Verwirklichung reichen die, vom aktuellen Stand der Wissenschaft und der Ideologien aufgestellten, nicht aus. Eine philosophisch orientierte Erziehung zur Tugend im Sinne der Stoikerschule, eine mystische Schulung der Persönlichkeit., wie sie bei Pythagoras und später bei Neoplatonikern gepflegt wurde, oder die Körper- und Geistesschulung nach dem Modell der Alchimisten, aber auch die asketisch-, religiös ausgerichteten Übungen der mittelalterlichen Klöster, würden das Böse der niederen Natur dem Guten des Herzens unterstellen.

Die Irrtümer falscher Erziehung sind mindestens im gleichen Maße gefährlich für die Gesellschaft und den Einzelnen, wie die Irrtümer falscher Bildung. Erzogen will die ganze Natur des Menschen werden. Einschränkungen der Erziehung, z. B. alleine auf Benimmformen oder auf das Wachsen der Muskelmasse, lassen die destruktiven Aspekte der Natur unberührt. Ohne eine von Experten eingeleitete Selbsterkenntnis würde das individuelle Erziehungsbemühen daneben laufen.

Erzogen soll der Mensch auf den Gebrauch seiner eigenen Natur, im Denken, Wahrnehmen, Fühlen und Handeln und nicht prinzipiell alleine auf die Bedürfnisse der Zivilisation gebildet werden. Die Wertehierarchie ist in seiner Natur als Ordnung eingebaut. Diese Hierarchie soll mit Hilfe der Erziehung widerstrebender Gefühle als

Grundlage des ethischen Denkens und humanen Handelns dienen. Es wäre immer falsch, der jungen Generation Irrtümer über ihre Natur zur Verinnerlichung anzubieten, als ob der Mensch ein rein leibliches Körperwesen wäre. Die Einführung in sein Selbstverständnis soll ihn in das Begreifen seiner unsichtbaren, und in jedem Denkschritt, verborgenen Geistigkeit einführen. Er ist Bürger mehrerer Welten und mehrerer Existenzformen. Die körperliche Behausung ist hierarchisch nicht der Gipfel seiner Existenz, sondern der Tiefpunkt in seiner Gesamtgeschichte.

Gegenstand der Erziehung ist somit nicht die Entwicklung der Brauchbarkeit für die Mühlen der Zivilisation. Es wäre eher der Mut zu einer geistigen Kultur, in der die höheren Seinsbereiche des menschlichen Wesens zur Ausreifung gebracht wären. Das Festhalten am Diesseits ist das markanteste Beispiel einer gescheiterten Erziehung. Und wer sich in falsche Anschauungen verbissen hat, führt ein geistig sinnloses Leben. Wie es die Geschichte ständig von neuem zeigt, kann im Menschen mit bester Bildung, aber vernachlässigter Gefühlserziehung, die niedere Natur zur unsittlichen Diktatur pervertieren. In Bruchteilen von Sekunden erlischt der ganze Glanz der Bildung im Dunkel archaischer Natur.

Höher als die Rationalität der modernen Vernunft steht die Glaubenserziehung. Der Wirkungsbereich der Vernunft endet an den Grenzen der äußeren, räumlichen Welt der Dinge. Wer darüber hinaus will, muss die Heimatspuren finden. Im Glauben sind sie sichtbar. Die Menschenseele, die zu Lebzeiten im Körper aus ihrem egoistischen Sein allmählich herausgewachsen und an ihre Heimat herangereift ist, wird durch ihren angeborenen

Heimatinstinkt direkt zu ihren übersinnlichen Sphären geführt werden. Dort angekommen, kann sie sich der weiteren Verwandlung übergeben. Die Verwandlung vom irdischen Leben in das mentale Dasein, sollte bei Menschen, die ihrer Hellsichtigkeit nicht mächtig geworden sind, von religiösem Licht des Glaubens geführt werden.

c) Die erzieherische Macht der Liebe.
1. Die Wesenserschließung der Liebe.
Liebe ist eine universale Eigenschaft eines jeden Lebewesens. Sie äußert sich in der Hinordnung auf das ihr entsprechende Gut. Die Entsprechungen zu der menschlichen Willensliebe, das Wohlwollen und Wohlgefallen, finden sich bei jedem Lebewesen. Somit wäre die Universale Liebe mit dem Ziel und Sinn eines jeden Lebewesens verbunden. Wenn das Ziel von der Natur bestimmt wird, stellt sich auch im Bezug auf die Menschen die Frage, welches Gut die Liebe einem Menschen verspricht.

Die Antwort kam von den platonischen Schulen und folglich auch den christlichen Philosophen. Der einzige Gegenstand der Liebe, so wie sie sich in ihrer ganzen Bedürfnisstruktur äußert und vom Verstand begriffen wird, ist Gott selbst als das höchste vorstellbare Gut. Nur er alleine kann restlos das Verlangen nach dem absoluten Gut stillen. Das Bedürfnis nach Erkennen des Wahren und das Wollen des Guten, entsteht aus diesem Gottverlangen.

Die Gründe für die innere Unzufriedenheit mit dem Erkenntnisstand eines Menschen, resultiert aus der Enttäuschung zwischen dem erwarteten Angebot und dem tatsächlichen Charakter der weltlichen Wahrheit. Aus diesem Grund nannte die Tradition die Philosophie – *„docta ignorantia"*. Der unverrückbare Maßstab des Guten und Wahren ruht im Untergrund unseres Wesens. Aus diesem Tatbestand ziehen die Philosophen den Schluss, dass kein irdisches Liebesangebot unser Herz erfüllen kann.

2. Liebe und Hass.

Die grundlegende Hinneigung der Lebewesen ist die Liebe zu ihrem Ziel und Sinn. Gleichzeitig hätten jedoch alle Lebewesen eine naturgegebene Abneigung – den Hass – gegen das Übel, das sie am Erreichen ihres Zieles hindert. Das Nichtentsprechende, das im Wege stehende, reizt zum Kampf. In der Natur und im Zusammenleben der Menschen herrscht darum ein naturnotwendiges Gegenstreben zur Liebe – der Streit. Eintracht und Zwietracht im Konkurrenzkampf der Lebewesen, die nach ihrer Vollendung streben. In der Beziehung der Einzelwesen zueinander herrschen abwechselnd Werdeschmerz und Werdelust. Darum kann auch die Welt niemals in wirklicher Bedeutung nur gut sein. Auch die Menschen in der Welt sind nur im höheren und geringeren Grad gut. Die Philosophen nehmen diese Erkenntnis mit Distanz auf und sagen, dass der Hass im Dienste der geordneten Liebe stünde.

Liebe ist nur echt, wenn sie ungeteilt ist. Eine geteilte Liebe z. B. zwischen Gott und der Welt, spaltet das Herz und ist ein Zeichen einer Geistesschwäche. Das größte Gut ist Gott selbst. Man kann ihn nicht lieben, wenn man sich an die Schöpfung anlehnt. Darum belehrt uns die Schöpfung immer wieder, dass sie Übel hat, die uns

178

negativ treffen, damit wir von ihr entwöhnt werden. Alle, die es erkannt haben, hassten sogar die Welt und zogen sich in die Einsamkeit zurück. Dieser Hass stand jedoch im Dienste der geordneten Liebe.

3. Die erzieherische Macht der Liebe.

Durchdrungen ist Liebe vom Streben zur Einswerdung. Sie folgt darum ihrem eigenen Trend zu Selbstlosigkeit. Sie verbindet Seelen und Körper miteinander. Wenn wir jedoch an die Reinheit der Liebe denken, meinen wir ihren fortschreitenden Prozess der Entweltlichung, weil sie lieber Seelen mit Seelen verbindet und Seelen mit Gott. Auf ihrem progressiven Weg fort von der Welt zu ihrem höchsten Ziel, tilgt sie alle negativen Gefühle und jedes egozentrische Erwarten. Sie fordert und nimmt nichts, weil sie ihre Enteignung anstrebt. Sie verschenkt ihre Zeit, ihre Habe und ihr Sein. Sie gibt ihre Sicherheit auf.

In diesem natürlichen Prozess der Selbstenteignung, erkennt man ihren jenseitigen Charakter: Alles, was ihrer Verbindung mit Gott im Wege stünde, lässt sie fallen. Sammeln will sie nichts mehr. In ihrem Licht erkennt sie immer klarer, dass sie im Vergleich mit Gott, voll mit schwerem Ballast beladen ist, der ihren Weg verlangsamt. Aus dieser Erkenntnis weiß sie ganz genau, dass alle ihre Schwierigkeiten aus einer einzigen Quelle kommen: aus dem eigenen Ich!

Das irdische Ich entstand nicht im Himmel und für das ewige Leben ist es ungeeignet. Es ist das Produkt des Einmauerns der Seelenkräfte im Körper. Erst wenn er geweisst wird oder stirbt, ist sie wieder im Vollbesitz ihrer Kräfte. Durch die Verengung des Seelenlebens auf den Körper wurde die Ausrichtung des Bewusstseins auf Gott und das geistige Universum aufgehoben. Die Anwesenheit des Menschen hat sich alleine auf den Körper und die durch ihn vermittelten Eindrücke beschränkt. Das universale Selbst der Seele, ihre zeit- und raumlose Anwesenheit in den unendlichen Sphären der geistigen Wesen, sollte mit Liebe zu Gott wieder zur Wirklichkeit werden: das irdische Ich muss weichen! Weichen muss das kleine, blinde, kümmerliche Ich der falschen Identität mit dem Körper, es muss sich dem reinigenden Prozess einer gründlichen Entrümpelung von allen irdischen Resten stellen.

Im christlichen Kulturraum, in dem die Idee der Präexistenz der Seele verworfen wurde, soll der Schöpfer bei jeder Entstehung eines Menschen, die Seele erschaffen. Im Hinduismus und anderen Religionen ist die Seele ewig und falls sie sich während ihrer irdischen Existenz von den Folgen ihrer früheren Verbindungen mit der Welt nicht gereinigt hatte, muss sie die weltliche Existenz wiederholen. Die hier gedachte Reinigung geschieht am wirksamsten im Prozess der Liebe. Die Kraft der Liebe kann jedoch auch hier, durch irdisches Begehren, abgelenkt und abgeschwächt werden. In diesem Fall kann sie ihre körperliche Ummantelung nicht überwinden. Für diesen Fall wird das Einhalten der strengsten Askese empfohlen. Infolge der Konzentration der Aufmerksamkeit alleine auf Gott, verlassen die weltfreundlichen Gefühle die Seele. Auch die weltlichen Gedanken verlassen die Arena des Bewusstseins. Dadurch wiederum wird die Liebe zu Gott immer stärker und ausschließender.

In der zersetzenden Bequemlichkeit der modernen Welt sind jedoch Askese, Selbstbeherrschung, Opferbereitschaft und Verzicht ungern gehörte Worte – mindestens, wenn an geistige Leistungen gedacht wird. Der größte Feind der Liebe ist immer das weltliche Ich und wer im Zustand der Liebe bleiben will, muss mit den größten Opfern seines Lebens rechnen. Der Mensch bezahlt die Reinigung des Ich von den niederen Regungen, mit Leid und Trennungsschmerz. Während bei Erwerb von Schulleistungen, Zeugnissen, Diplomen und Auszeichnungen für Sportleistungen niemand an die Notwendigkeit von Überwindung, Verzicht, notwendiger Konzentration zweifelt, fehlt das klare Bewusstsein und die richtige Motivation beim Erwerb von ewigen Gütern.

Wenn wir uns die Frage nach dem „Lohn" der Liebe aus der Perspektive von Nutzen und Gewinn für das irdische Leben stellen, würde das Gewicht der Liebe auf der Waage sicherlich die Entscheidung klar beeinflussen. Liebe heilt die Krankheiten des verkehrten Denkens bei sich selbst und anderen, weil sie das Ich von der niederen Natur befreit.

Die großen Heiler haben mit der Kraft der Liebe unheilbare Krankheiten geheilt und sogar Tote erweckt. Wer durch Liebe mit Gott verbunden ist, macht alles um sich herum lebendig und gesund. Wer mit Gott verbunden ist, strahlt ohne Unterlass und ohne bewusste Lenkung auf alles Lebendige strahlende, heilige Kräfte aus.

Bereits ein paar Jahrhunderte vor dem Christentum haben diese Erfahrungen die Griechen und Römer gemacht. Zu den Körpern der frommen Gottanbeter, oft Jahrhunderte nach ihrem Tod, pilgerten sie zu ihren Gräbern und erhielten Heilung und Trost. Die späteren Christen haben diese Sitte übernommen und strömten zu den Gräbern ihrer Heiligen, wo sie jeden Trost empfangen haben. Sobald die Liebe zu Gott zur herrschenden Kraft in der Persönlichkeit herangewachsen ist, ordnet sie ihren ganzen körperlichen, seelischen und geistigen Organismus, vertreibt alle Neurosen, Minderwertigkeitsgefühle, negative Gedanken, Hass, Neid, Zorn, Reizbarkeit und Neigung, zu bösen Verdächtigungen. Auch im praktischen Leben beseitigt sie Hindernisse, die das Leben herabsetzen, löst alle Spannungen und verwandelt die Triebkraft.

Dass jedoch nicht nur der Einzelne krank ist, sondern auch die moderne Welt, steht außer jedem Zweifel. Durch die Vernachlässigung der Erziehung zur Beherrschung negativer Gedankenströmungen, niedriger Phantasiebilder, mangelhafter Konzentration auf die Gewissensstimme, der Wahl eines Lebensstils im Reichtum, Lust und Vergnügen, ist unsere Zivilisation, in ihrem Streben, die Kultur zu ersetzen, der Hauptfaktor einer Vergnügungspandemie geworden. Aus ihrer Mitte brechen immer wieder Krankheitssymptome heraus, jedoch an die Hauptursache der Pandemie wagt sich niemand heran: an die Erziehung der niederen Natur, an ihre Unterwerfung – nicht unter den Verstand, sondern unter die Tugend.

Die individuellen und die globalen Konflikte werden immer noch von Egoisten ausgelöst. Die angebotenen Lösungsversuche beginnen mit Appellen an die Vernunft, die jedoch als beherrschende Macht im Inneren längst auf die Rationalität taub geworden ist. Und Drohungen erwecken als Gegenreaktion die stärksten egoistischen Vitalkräfte und provozieren zum Kampf. Alleine die Liebe zu Mitmenschen, frei v on Interessen, würde den Frieden bewirken. Wie man jedoch täglich von neuem erfährt, ist die Seele direkt an ihrem geschichtlichen Ausgangspunkt – an der religiösen Quelle erstickt worden. Die Religionen ließen sich vom Verstand beherrschen und vergaßen ihre niedrige Natur zu einer gewaltigen Kraft der Liebe umzuwandeln. Der Genesungsweg der „fortschreitenden" modernen Weltgemeinschaft, liegt in der Unterwerfung des Ich unter das Herz, unter den untrügbaren Instinkt der Liebe. Der Gang in die Rationalität ist ein Weg in die Primitivität zurück, in die Unbeherrschtheit des Handelns.

Alle kleinen und großen Konflikte in den Familien, wie unter den Staaten, werden von ungeläutertem Ego verursacht. Diese Tatsache ist auch in den politischen Wissenschaften bekannt. Eine Besinnung auf die eigene Moral oder sogar eine Triebaskese würde der politischen Kaste jedoch kein Wissenschaftler anzuraten wagen.

Platon, der von den Politikern die Vollkommenheit verlangte, ist nicht mit der Idee gescheitert, sondern mit Unwillen der erleuchteten Philosophen in die Politik zu gehen. Wer sein irdisches Ich aufgelöst hat, bereitet seine himmlische Wohnung vor. Jede Verhaftung an persönliche Gewinne, an ein Mehr an irdischen Gütern, ist von ihnen abgefallen.

Mit Gott verbindet die reine Liebe alleine. Ob die Liebe rein ist, erkennt man an den Inhalten des Ichs. Wenn das Ich auf Distanz zu Liebe steht, bleibt sie auch weiterhin unrein. Für Strebungen der inneren, niederen Natur, ist sie immer noch geöffnet und keine Vorsätze können diesen Zustand ändern. So fehlt die Umwandlung der niederen Kräfte, ihre Integration in das Kraftpotenzial der höheren Gefühle.

Das Christentum, der Hinduismus und Buddhismus, schlagen hier den gleichen Weg vor: das Heraufziehen einer mächtigen Konzentration, die jeden Funken Kraft in die große Flamme der Liebe zu Gott hineinwirft.. Das Feuer der Liebe, das auf diesem Wege entsteht, ist das Opferfeuer des irdischen Ich. Die Wirkung der wachsenden Liebe erkennt man an der schrittweisen Befreiung des gefangenen Lebens von ihrem Überwacher – dem irdischen Ich. Die gereinigte Liebe, die uns in die Einheit Gottes schließt, wird von keinem schlechten Gedanken gestört, kein irdisches Gefühl kreuzt ihren Weg. In ihrem Schatten tritt die irdische Welt zurück.

Hinter jeder unvollkommenen Liebe steht eine ichbezogene Erwartung. Mit der weltlichen Liebe im Herzen kann Gott nicht geliebt werden. In ihrem Kern steht nicht die absolute, bedingungslose Hingabe, sondern eine Erwartung: *„Ich schenke, damit du schenkst*"! Geschäfte mit seinen eigenen Geschöpfen braucht Gott nicht zu machen. Alleine die selbstlose Liebe befreit vom Ich, und restlos auf Gott gesammelt, vereinigt uns mit seiner Natur. Geschenke von Gott erwartet sie nicht. Wir selber schenken uns Gott und hat er uns angenommen, wäre das größter Anlass zu Freude.

In der Hingabe liegt also das Geheimnis der Liebe. Gegenstand der Hingabe sind keine weltlichen Wünsche oder der Verzicht auf irdische Erfüllungen. Hingegeben wird das Ich mit seinem irdischen Werkzeug – der allerseits so geliebten Persönlichkeit. Wer jedoch die Verbindung mit Gott unter Berücksichtigung seiner Opfer betrachtet und vielleicht den Preis doch für zu hoch hält, soll sich auch darüber bewusst werden, ob das, was er behalten will, tatsächlich ihm gehört? Nur das, was uns auf Dauer erhalten bleibt, gehört uns. Den Bruch zwischen uns und allem, was uns nicht gehört, erleben wir spätestens beim Tode. Wir verlieren den Lebenspartner, unsere Familie, unseren Besitz, das berufliche Ansehen, alle Lust- und Glücksquellen und müssen noch herunterschauen, was aus unserer Hauptsorge geworden ist – aus dem Lebenstyrannen – dem irdischen Leichnam. Manchen wird erst jetzt bewusst, dass während der irdischen Existenz nichts Irdisches mit der Eignung zum dauerhaften Besitz ausgestattet ist – nicht der Körper und nicht die Weltobjekte. Darüber belehrt uns auch die tägliche Erfahrung, die überbelegten Friedhöfe, die dauerhaft expandierenden Anlagen zur Leichenverbrennung und die hohe Zahl der Kranken, die für sich selbst nicht mehr sorgen können. Trotzdem bleiben alle Appelle an den Verstand wirkungslos. Zum Meister des Lebens kann er nicht erhoben werden. Die alten Weisen haben darum nicht den Verstand zum Lebensführer gewählt, sondern das Herz – das Zentrum der Liebe.

4. Liebe und Strenge.
„Man lernt nichts kennen, als man liebt". (***Goethe***)
Die Liebesbegleitung eines forschen Verstandes garantiert die bestmögliche Konzentration. Die Liebe bindet die Gefühle an den Willen und macht den Verstand frei. Das Ich bleibt vor der Spaltung der Sammlung zwischen Verstand und den irrationalen Kräften bewahrt.

Johannes schreibt über die Liebe: *„Liebe ist aus Gott und jeder, der liebt, stammt von Gott und erkennt Gott. Wer nicht liebt, hat Gott nicht erkannt; denn Gott ist die Liebe."* (1 Jo 4, 7-8) **Wolfgang Goethe** steht auf dem Pfad der Herzensliebe von Pascal, der gegen die trockene, herzlose und kalte Forschung in mathematischen Symbolen protestierte. Alles, was wir erkennen wollen, sollen wir mit Liebe tun, die alle Türen öffnet. Johannes stellt die Liebe über jeden egozentrischen Zugriff. Sie ist aus Gott und Gott ist Liebe. Erst, wer in Gott ist, steht in der Macht der Liebe. Davor jedoch, hat sie den Reinigungsprozess von allen weltlichen Strebungen, durchmachen müssen. Sie setzt eine Strenge voraus.

Die Geschichte ist eine negative Lehrerin des Lebens. Sie zeigt, wie die Menschen nicht leben sollen. Der größte Feind der Menschen ist und bleibt nicht die Natur, sondern der Nächste selbst.

Der Hang nach dem Niederen, die den Menschen blind machende Trägheit des Geistes, die Pandorabüchse aller Ungerechtigkeiten, die gelegentlich jeder öffnet und ihren Inhalt auf den Nächsten loslässt, zeigen, dass wir unter der Maske der Rationalität des Friedens, der Gerechtigkeit und des Fortschritts unsere wahre Natur verbergen. Angepasst an diese unsere Killernatur, haben wir uns die väterliche Gottheit vorgestellt. Der himmlische Vater müsste eigentlich dankbar dafür sein, dass wir ihm die Möglichkeit zum Verzeihen liefern. Dann muss er uns noch mehr lieben und uns damit die Größe seines Wesens erneut unter Beweis stellen. Wir wollen Sünden verzeihen lassen, ohne Sühne, ohne Schuldbekenntnis, ohne Reue. In Wahrheit ist die Liebe Gottes nicht schwächlich – entwürdigend und nicht nachgebend. Das falsche Bild göttlicher Schwäche ist ein Abdruck unserer Wünsche, die alleine für Strafverurteilung bereits ausreichen würden. Die strenge Gerechtigkeit Gottes trifft uns vor aller Liebe zuerst! So wertvoll sind wir Menschen nicht für Gott, dass er unseren Spott ertragen will. Die geistige Stumpfheit, das entwürdigende Dahinleben, stellt uns Gott zur Abrechnung in der Stunde der Vergeltung. Niemand liebt Gott, wenn er Weichlichkeit und Schwächlichkeit von ihm erwartet. Er hat nicht Gott, sondern das niedrige Antlitz seiner eigenen Natur geliebt.

Die alten Griechen haben die Liebe als Eros –kosmische Macht – verstanden. Im christlichen Verständnis steht sie unter dem Namen Caritas. Der Begriff „Liebe" ist vielschichtig und zu seinem Umfang gehören die philosophischen, theologischen, psychologischen und biologischen Inhalte. Weil jedoch die biologische Liebe unter anderen ethische und psychologische Dimensionen hat, steht auch sie in Beziehung zur Philosophie (Gewissen), Theologie (Sünde) und Psychologie (Eheprobleme). Die religiöse Caritas kann sich auch unter den aufgezählten Aspekten zeigen, obwohl ihr Begriffsinhalt direkt auf den Mitmenschen bezogen ist, auf den das eigene, gereinigte Wesen ausgerichtet ist.

5. Liebe in der Ehe und der Freundschaft.

Der größte Teil der Liebe ist Strenge zum Trieb: Er kennt keine Einzelperson, er ist gattungsmäßig ausgerichtet. Wer das nicht beachtet, muss erleben, wie alles Falsche an der Ehe stürzt und gleichzeitig, wie jede Schwere dem Sagen dient. Liebe zum Guten und Höheren lässt sich auch in der Ehe nicht entwurzeln. Sie wird jedoch gelöscht, wenn jemand nur geliebt werden will und selber gar nicht liebt.

Der Gegenstand der Liebe in der partnerschaftlichen Verbindung bildet das Gute, Schöne und Wahre. Diese Werte gehören nicht der Trieboberfläche. Sie wohnen im tiefsten Kern des menschlichen Herzens. Wer in der

Tiefe nicht tauchen kann, ist zum Lieben nicht reif. Die Liebe ist ein Geschenk. Sie verlangt keine Gegenleistung. Was nicht auf diesem Fundament steht, ist falsch und darum stürzt es. Wer für seine Schönheit, seine Größe oder sein Geld geliebt werden will, der liebt nicht! Ohne die Demut, den Mut zum letzten Platz, gibt es die Liebe nicht. Und wer „ungerecht" in der Liebe leidet, soll lernen, sein Leid in den Segensstrom zu stellen. Leid reinigt das Herz von egoistischen Dunstwolken, vertieft das innere Auge und sammelt die Sinne. Die vereinigende Tendenz wird nicht lange auf sich warten lassen.

Die Vorstellung einer Zukunft, die nicht das Ergebnis eigener Taten sein soll, ist eine Utopie oder abirrende Ketzerei. Die Werte einer Ehe liegen nicht im Außen. Je mehr jemand dem Sog nach außen folgt, desto schwächer sein Interesse für das Innen, wo jede Liebe wurzelt. Das welthafte Vorhandensein durch den Leib dürfte eine liebende Person nicht vergessen lassen, dass wir durch den Geist und nicht durch den Leib existieren. Von unserem Naturaufbau her ist uns sogar das kosmische Bürgertum garantiert. Wer seinen Partner alleine als leibliches Wesen wahrnimmt, ist immer noch blind. Leiblichkeit bleibt nur als vorläufige Bestimmung für Menschen, die ihr eigenes Wesen noch nicht verstanden haben.

Liebe kann einfach nicht aus dem Nichts entstehen. Sie setzt Bedingungen voraus, die erfüllt werden müssen.

Bedingung, die sie überhaupt möglich macht, ist das Freisein vom irdischen Ich. Damit will ich die Liebe nicht hinduistisch taufen, nur weil dort das Ich einen schlechten Ruf hat. Wenn der *Heilige Franziskus* um Liebe betete, unterschied er in klaren Worten zwischen dem egoistischen, ichbezogenen Bedürfnis geliebt zu werden und selbst aktiv zu lieben. Er wollte immer nur lieben und niemals geliebt werden. Wer geliebt werden will, hat noch gar nicht verstanden, was Liebe ist. Jesus hatte niemals nach Menschen gesucht, die ihn lieben würden. Nicht einmal von seinem Vater hatte er Liebe verlangt. Den Sinn der aktiven Liebe sah er im Sich-verschenken an die Anderen. Sie ist frei von jedem Bedürfnis nach Entschädigung und von jeder Belohnung. Sie ist ein Opfer an die Anderen, auch wenn der Andere, nach irdischem Bemessen, ein böser Mensch wäre. Jesus liebte seine eigenen Mörder, alle, die ihn gekreuzigt haben.

Das Ich kann nicht lieben, weil es auf eigene Vorteile aus ist. Die großen Liebenden der Menschheit – Jesus, Buddha oder Franziskus – haben ihr persönliches Ich überwunden und damit ihre wahre Identität und Individualität erst möglich gemacht. Das gewöhnliche Ich spricht nicht im Namen unseres Wesens. Es repräsentiert die körperliche Gestalt des Menschen – aber nicht einmal seine Seele und gar nicht seinen Geist. Wer zu seinem wahren Ichbereich aufgestiegen ist, hat das Körper-Ich überwunden und damit alle Eigenschaften der Liebe befreit. Seine Identität ist nicht geschwächt. Erst jetzt ist ihm klar geworden, dass er davor das falsche Leben geführt hat – das Leben einer Trennung von sich selbst und ein Leben verfälschter Erwartungen. Er sollte geben und nicht ständig nehmen und dazu noch fordern. Er lebte eher als ein Betrüger, denn als eine schenkende Persönlichkeit. Wer das Ich überwunden hat, kann sich der Ewigkeit und dem Leben in der transzendenten Heimat öffnen.

Die Liebe kann nicht verstanden werden, wenn sie auf die Biologie zurückgeführt wird. Das Verstehen der Liebe missglückt auch dann, wenn man sie mit dem objektivierenden Verstand zu begründen sucht. *Pascal* zählte sie zu der höchsten Stufe der *ordre du coeur*, um ihre Verschiedenheit vom Verstand zu betonen. Weil man sie keinem Vermögen zuordnen kann, wird die Liebe als der umfassendste Akt eines Menschen vorgestellt. An jedem Akt der Liebe ist der Körper, das Gefühl, der Verstand, aber vornehmlich, der transzendente Mensch, seine Seele, sein Geist und das Selbst beteiligt. Die Ich-Unbefangenheit der Liebe, die in ihrem göttlichen Ursprung begründet ist, gipfelt in der unbegrenzten Güte und lichterfüllten Wärme. Die Liebe zu Menschen ist die bejahende Kraft, die sich in aufopfernden Taten äußert und mit Umgehung der Ichinteressen, zur Freude der anderen beiträgt. In ihr zeigt der Mensch seine Persönlichkeit, sein wahres Sein, seine Eigenschaften.

Die Steuerung der Liebe auf das Schöne und Gute, wie bei Plato, oder direkt auf Gott und den Nächsten, wie bei Augustinus, ist vom pädagogischen Standpunkt aus, ein Erziehungsunternehmen, um den irrationalen Teil der Seele, der immer wieder die rationale Lebensführung zum Scheitern bringt, der Liebe zu unterstellen. Sie trifft nämlich das, was die Rationalität nicht vermag: sie unterstellt alle Strebungen, Emotionen und Gefühle der Liebe zu Menschen und zu Gott. Sie ist die Ausstrahlung eines Menschen, der alle Voraussetzungen für eine rationale Lebensführung erfüllt hat. Ohne die Liebe wäre die Menschheit immer noch genau so primitiv, wie zur Lebzeiten in der Savanne.

Kapitel 10   Das Spannungsfeld zwischen Zeit und Ewigkeit.

a. Verantwortung für die Zeit.

Mehr noch als für die Natur, sind wir für die persönliche Zeit verantwortlich. Wir brauchen das Nacheinander der Zeit, damit wir unsere Selbstverwirklichung planend, in unserem kurzen Lebensabschnitt, erfolgreich zu Ende bringen können. Auf der Seite unserer Existenz stauen sich die Aufgaben, die auf ihre Realisierung warten. Im Unterschied zum Zeitfluss selbst, ist der Druck, der in uns wartenden Programme spürbar erhöht und damit auch der Kampf um die zeitliche Abfolge der Realisierung groß.

Für jeden stellt sich die Frage nach welchen Maßstäben sollen bestimmte Bedürfnisse und Programme mit Priorität bedacht werden. Damit die Menschen nicht der heute überall um sich greifenden Sucht verfallen, sinnlos unter dem stärksten emotionalen Druck dahin zu leben, ist eine Lebensführung von Nöten! An der Druckstärke der auf Priorität der Befreiung wartenden Bedürfnisse erkennen wir ihre Zugehörigkeit. Den stärksten Druck erzeugen die niedrigsten körperlich-psychischen Bedürfnisse nach Lustzufuhr, Essen und Trinken, Entspannung und Freizeit. Auch die Bedürfnisse nach Herausstellung der eigenen Persönlichkeit aus der anonymen Masse durch Sport, Kunst, Wissenschaft und gebildeten Verstand, ist keine Seltenheit. Zu allen diesen Formen von Priorität und Befriedigung, schreit der Egoismus laut und verdrängt die leise Stimme des Geistes, der zu allererst alle die berücksichtigen will, die ihn auf die Welt gebracht haben. Den höheren Lebensplan haben wir ja alle von oben mitgebracht. Ein Mensch, der geboren wird, ist kein Neuling auf der Welt. Alles will er besser machen als früher, auch wenn er dafür mit Leid und Enttäuschung auf Seiten der niederen Natur bezahlen muss. Außerdem will er den objektiven Lebenssinn in Angriff nehmen und nicht ewig drum herum unentschlossen kreisen.

Wie nun das Leben tatsächlich verlaufen wird, hängt noch von der mitgebrachten Willensstärke, von Bildung und Erziehung und von den Schicksalsfaktoren ab. Entscheidend ist jedoch die Wirkung der eigenen Reflexion – die Konzentration auf die Zeit, auf ihre Kürze und ihr schnelles Vergehen.

Nach den Lehren antiker Kulturen, ist die Zeit zur Erfüllung, der von uns mitgebrachten Aufgabe, sehr eng bemessen. Wie und wofür wir sie ausgeben, bildet den primären Grund unserer Verantwortung. Im tiefen Inneren wissen wir sehr wohl, wofür wir die Zeit bekommen haben. Sobald wir sie gegen diese Bestimmung ausgeben, handeln wir unverantwortlich und müssen uns vor dem Gewissen verantworten. Mittelbar verrät der Umgang mit der Zeit die Geringschätzung des Lebens, falls wir die Zeit einfach nur vergehen lassen.

Die negativen Faktoren, die den Umgang mit der Zeit beeinflussen, können und sollen mit Reinigung der niederen Natur in uns beseitigt werden. Oft nach langjährigen Kämpfen beispielsweise um die ich-lose Liebe, gelingt der bleibende Kontakt mit der eigenen, höheren Natur und die klare Einsicht in die Wichtigkeit jeder Minute im Leben. Unter diesem Aspekt soll auch der verderbliche Einfluss der technischen Zivilisation auf die Gewohnheiten der Zeitverbringung analysiert werden.

Die Lust ist unbegreiflicher Weise zum teuersten Gut geworden. Den Kaufpreis für sie bezahlen wir nicht selten mit eigenem Leben. Wer noch kann, soll erkennen, dass die geistigen Notwendigkeiten wichtiger sind, als das irdische Nachjagen nach der Lust. Die verbliebene Zeit sollen wir zum inneren Erwachen nutzen. Nach der Entzeitlichung durch den Tod, fehlt dem Menschen der Boden für die Verwirklichung der Vollkommenheit. In diesem Zustand wird sich die Erkenntnis durchsetzen, dass die irdische Lebensform nicht das wahre Leben war und dass die Versklavung der inneren Freiheit durch Lust und Genuss von unten kommt – von den Trieben, von der organischen Sinnlichkeit – und das Leben zur Torheit macht. Der entkörperte Mensch macht jetzt die Erfahrung, dass das wahre Leben alleine von oben kommt. Von unten, vom Körper her, ist nur der Tod zu erwarten. Er wird sich erinnern, dass er genau vor dem Herunterkommen auf die Welt diese Erkenntnis bereits hatte! Unter dem Druck der entgegen gerichteten Erfahrungen, unterlag sein Verstand den frischen Lastern.

So lange wir noch der Zeit unterworfen sind, wollen wir sie zu Besinnung nutzen, sonst wird das Leben am Ende sinnlos.

Im Sterbevorgang vollzieht sich der Übergang von Zeitlichkeit zu Dauer und von Räumlichkeit zu Unbegrenztheit. Die Wirklichkeit ist nicht nur das Objekt der Sinnenwahrnehmungen. Das menschliche Bewusstsein ist im Jenseits der Zeit verankert. Und wir reichen immer dem Übel die Hand, wenn wir uns der erdgebundenen Verstandesklugheit verpflichtet fühlen. Die Instinkt getragene Abhängigkeit von Liebe, die wir auf Erden nicht zu brechen versuchten, hat uns an der Pflicht gehindert, den Geist zu erziehen und ihn in die Heimat zurückzuführen. Für alles haben wir uns interessiert, für belanglose Unterhaltungen, für abwegige Fernsehsendungen, aber nicht für die Selbsterkenntnis und die Pflichten gegenüber unserem Geist. Die Suche nach dem wahren Wissen, nach der „ersten Wahrheit", die uns von jeder Blindheit heilen würde, die haben wir für ein Linsengericht der Triebbefriedigung verkauft. Die Versklavung durch irdische Verpflichtungen verbraucht den Rest der Zeit. Hinzu kommt noch die Stummheit der Religionen, die vom Materialismus und der Anpassung an das irdische Leben ihr Dasein fristen.

Weil der Mensch eine wissende Natur ist, weiß er naturgemäß, dass seine Wirklichkeit im Spannungsfeld zwischen Ewigkeit und Vergänglichkeit liegt. Der Vergänglichkeit ist sein Haben unterworfen, aber das Sein gehört der Ewigkeit.

Die Wirklichkeit erstreckt sich nicht eindimensional im All. Sie weist Grade der Sammlung und Kondensierung auf. Die Qualität der Existenzstärke entscheidet über den Charakter der Wirklichkeit. Im Vergleich zum Geist ist der Leib wesentlich weniger wirklich. Gott – im Vergleich zum menschlichen Geist – ist die kondensierte Wirklichkeit, das realste Sein.

Ohne die Zeit können wir auf Erden nichts durchsetzen. Das Reifen unseres Bewusstseins entspricht nicht den biologischen Kriterien und dem irdischen Zeitverlauf. Durch ihre Knappheit und absolute Wichtigkeit für das Ausreifen des Bewusstseins, das sich oft erst im Sterbeprozess vollzieht, ist die Zeit das teuerste Gut auf Erden. Darum braucht sie auch unseren Schutz von den spezialisierten Zeiträubern. Das Erwachen für die geistigen

Notwendigkeiten, die wichtiger als die irdischen sind, setzt das Entstehen des geistigen Nacheinanders voraus – das phasenhafte Erwachen zu fortschreitend immer höheren Zuständen des Geistes. Die tägliche Besinnung, mit dem Schwerpunkt der Bewusstmachung des Lebenssinnes, wäre ein Minimum für das Erwachen des Zeitbewusstseins.

b. Das Entschwinden der Gegenwart.

Das reale, schmerzhaft vorkommende Entschwinden der Gegenwart gründet im Zustand unserer subjektiven Natur, die ihr Dasein nicht kraft ihres eigenen Wesens erhalten kann. Der Mensch muss es akzeptieren lernen, dass er die Dauer nicht zugleich, sondern im Nacheinander von kurzen Abschnitten haben kann. Dieser sukzessive Charakter seiner Existenz resultiert aus der Seinsschwäche des materiellen Körpers. Die Geistnatur hat dagegen die ihr zustehende Existenzdauer und darum lebt sie jenseits des Werdens und Entstehens. Substanziell verändern kann sich unser Geist nicht. Er kann und soll sich jedoch akzidentell (äußerlich) ändern, d. h. Tugenden erwerben, in die Weisheit eindringen, seine durch die Verbindung mit dem Körper entstandenen Verschlakkungen reinigen. Im Zustand der Befreiung vom Körper hat er auch keinen Zeitsinn mehr. Begehren nach mehr Sein, nach mehr Existenzstärke, die auch ihm Unsterblichkeit verleihen würde, müsste sich der Körper dem Weissungsprozess stellen, indem er die Natur des Geistes übernehmen würde. Folglich würde er dem Tod entrinnen, die Krankheiten besiegen und dem Werden und Vergehen für ewig entfliehen. Der Zeitstrom hat nach unserem Bewusstsein nur eine Richtung, er fließt von der

Gegenwart in die Vergangenheit und kehrt niemals mehr zurück. Was jedoch die gefühlte Zeit, also die qualitativen Zeitaspekte anbelangt, können sich Ereignisse wiederholen. Jenseits der Zeit müssen dafür Ursachen zum Erscheinen ausgereift sein, die bereits gewirkt haben und nicht mehr still gelegt wurden. Wer z. B. an seinem Charakter nicht mehr arbeitet, unterliegt Drängen, die seinen Willen und Verstand lahmlegen und sich den Weg zur Verwirklichung selbst bahnen. Auch bei Wiederholung von positiven Ereignissen, entfaltet dieses Prinzip seine Wirkung, wenn z. B. das Gute des Charakters bestehen bleibt. Diese Wahrheit verbirgt sich in allen Worten von Jesus: „Wer hat, dem wird gegeben und wer nicht hat, dem wird auch das genommen, was er hat!"

Die Zeit selbst kann nichts vollenden und nichts vernichten. Sie ist ein logisches Vorstellungsgebilde, ein Erzeugnis des menschlichen Geistes, allerdings mit einem Fundament in der Realität. Das unterscheidet sie vom Märchengebilde. Die Vollendungs- und Vernichtungskraft hat ihre Ursache in der Wirklichkeit, in den Energien, die in ihr wirken. Durch den prozessualen Charakter der Zeit können wir alles sich in der Wirklichkeit Ereignende, einem konkreten Zeitpunkt zuordnen.

Aus der archaischen Vorstellungswelt kommt die Überzeugung, dass am Ende der Zeit, die gesamte Schöpfung zu ihrem Anfang zurückfindet. In diesem Verständnis schließt sich der Kreislauf der Zeit und das unvollkommen Gebliebene geht in die Vernichtung. Das vollkommen Gewordene – geht in die hohe Welt der Vollkommenheit ein. Im Jetzt der Zeit soll alles Tun der Menschen auf den Endzustand der Zeit ausgerichtet werden, weil im Abschluss der Zeit sich der Sinn der Zeitlichkeit manifestieren wird.

Manche Philosophen nehmen an, dass die Zeit der in ihr eingeschlossenen Intentionalität folgt, dass sie somit auf ein Endergebnis ihrer Bewegung programmiert wäre. Wer oder was ihr Steuermann wäre, ist in den religiösen Weltanschauungen entschieden: es kann nur die Gottheit sein. Interessant war auch die Hypothese, von *Fr. Nietzsche*, dass sich in der Welt alles, in regelmäßigen Zeitläufen, wiederholt.

Danach wäre jeder Mensch bereits unendliche Male auf der Welt gewesen und weil er jedes Mal den gleichen Gesetzmäßigkeiten folgen musste, war auch alles, was sich in seinem Leben ereignete, eine identische Wiederholung früherer Ereignisse. Eine Selbstbefreiung aus dieser Zwangsjacke gäbe es nicht. Auch die Freiheit wäre eine vorgetäuschte Illusion.

Auch die Religionen beanspruchen das Recht für sich, die Zeit auszulegen.

Das Christentum glaubt an die Ausgerichtetheit der Zeit. Auf das Wiederkommen Christi – auf das Weltgericht und das Ende der materiellen Welt. In der endgültigen Abrechnung würden die Bösen von den Guten geschieden und weil die Seelen ewige Dauer besitzen, d. h. ihre Existenz nicht gelöscht werden kann, kommen sie für immer ins ewige Feuer. Dagegen werden die Guten in die göttliche Seligkeit integriert.

Der Hinduismus stellt sich eine unendliche Anzahl von Weltentstehungen und Weltuntergängen vor. In riesigen Zeitabständen von einander entfernt, wiederholt sich der Vorgang der Schöpfung und nach Ablauf der Zeit folgt wieder die globale Auflösung. Bei der Neuschöpfung haben die Guten und die Bösen erneut die Möglichkeit, den Sinn ihrer Existenz zu verwirklichen. Die vollkommen Gewordenen gehen nicht mehr in die weltliche Existenzform und bleiben in der unveränderbaren, göttlichen Wirklichkeit.

Die alten Griechen und Römer waren überzeugt, dass die Weltgeschichte einer absteigenden Tendenz unterworfen wäre. Parallel mit dem Ablauf der Zeit, verschlechtert sich die Qualität der Menschen und folglich auch ihre Kultur und ihr Schicksal. Das goldene Zeitalter stand am Anfang und nun folgen zwangsweise immer dunklere Epochen nach. Wir würden uns in der dunkelsten Zeit befinden – in der Zeit des Eisens.

Auch **Karl Marx** fühlte sich von dem Zeitablauf fasziniert. Er glaubte nicht an ein Nacheinander von Zeitabschnitten, die im großen Nichts verschwinden sollen. Er hätte in der Zeit eine perfektionistische Tendenz zum immer besseren, gerechteren Leben aller Menschen entdeckt. Im Rahmen dieser Vorstellung war er überzeugt, dass der ungerechte Kapitalismus durch den gerechteren Kommunismus ersetzt wird.

Die modernen Fortschrittsidealisten stellen auch ihr neues Paradies nicht hinter, sondern vor sich, vor. Im Kapitel über Fortschritt mehr davon.

c. Das Erlernen der Zeit.
Wer in den Fluten der Zeit sich als ein Ganzes und Identisches erhalten möchte, ist auf das Erlernen des Umgangs mit der Zeit angewiesen. Die mit jeder Sekunde dauerhaft schwindende Gegenwart, die man nicht greifen und behalten kann und scheinbar aus dem Nichts anrollende Zukunft, die jedes Jetzt vertreibt, aber seinen

Platz nicht behalten kann, weil sie im gleichen Moment selbst vertrieben wird, nimmt die Gedanken und Gefühle mit und lässt sie zu verblassenden Erinnerungen verkommen. Mit jedem neuen Tag werden sie von ihrem Entstehungsort in uns immer weiter abgetrieben, bis sie unserem Gedächtnis entschwunden sind. Wenn jemand die Geschehnisse seines Lebens in den eingetrockneten Erinnerungen behalten hat, weiß nun, dass sein verwelktes Zeitdepot, allen Stürmen und Schönwetterperioden das Aroma der Frische und Lebendigkeit raubt. Schaut er in die Zukunft, erscheinen ihm keine Siege, und er hört keine Fanfaren mehr. Die Zukunft schrumpft zum morgigen Tag zusammen und auch er ist nicht sicher. Und wer die Erinnerungen kultiviert hat, verschloss sich selbst in die Vergangenheit. Die Gegenwart wird ausgeblendet oder gar nicht bemerkt.

Der Zeitfluss stellt den Menschen die Aufgabe der Selbsterziehung für den Umgang mit der Zeit. Die Orientierungsfähigkeit in der Zeit setzt das Zeitlernen voraus. Vermittelt durch das unbestimmte Gefühl der Dauer, sind wir dazu fähig, die Gegenwärtigkeit der Welt und des Seins überhaupt wahrzunehmen. Der Mensch lernt auch die Zeit, um die Erfahrung zu machen, dass sie ihm mit jedem Schritt, den Boden unter den Füßen entzieht und ihn in die Vergangenheit stürzt. Trotzdem muss er lernen, dass er in allen Veränderungen, als er selbst, bestehen bleibt. Im Zeitgeschehen, das ihm auch ständig die meisten Erinnerungen löscht, entfaltet sich sein Bewusstsein und seine Identität wird vom Nichtzugehörigen befreit. Der Ort der Sammlung und Bildung seiner Identität ist von den Zeitdimensionen nicht betroffen. Das Ich ist ständig gegenwärtig, trotz des Ozeans der

Vergänglichkeit um uns herum. Die Identität des individuellen Menschen wird nicht gemacht – sie wird immer präziser erkannt und erhellt. Der Mensch lebt unter den Bedingungen der Zeitlichkeit und alles sinnmäßig Wahrnehmbare wird von dem Zeitfluss weggerafft. Die Identität eines Menschen ist demgegenüber im Raum der Ewigkeit existenziell aufgehoben. Darum ist die Natur eines Menschen ewig. Der Begriff der Zeitlichkeit erstreckt sich auf den Leib, der zur Identität des Menschen nicht zählt. Der Geist ist und war bereits vor der Geburt, mit dem Begriff der Ewigkeit interpretiert.

Das wahre Rätsel des Menschen enthüllt sich erst im Entzug der Zeit. Im zeitlosen Bewusstsein, in der ewigen Gegenwart, wird eine Wirklichkeit erfahren, die zur Zeit konträr ist. Sobald der menschliche Geist seine persönliche Endgültigkeit der Vollendung erreicht hat, vereinigt er seine persönliche Unsterblichkeit mit der Ewigkeit seiner Heimat. Die sukzessiv nacheinander abrollenden Zeitphasen, sind aus seinem Bewusstsein entschwunden. Zum Begriff der Ewigkeit gehört jedoch nicht nur das Ausbleiben der Sukzessivität der Zeitphasen, sondern der Besitz von nie endendem, vollkommenem Leben. Somit wäre die Ewigkeit das vollendete Leben in beständiger Dauer.

Fast in allen Religionen der antiken Hochkulturen gehörte die Ewigkeit zum natürlichen Zustand der Seele, der wiederum nach dem ewigen Raum verlangte. Die Ausnahme bildete das Judentum.

Wenn wir in der Ewigkeit das vollendete und unbegrenzte Leben, den Sinn menschlicher Existenz erblicken, stünden wir vor der Notwendigkeit unsere Existenz auf eine andere Laufbahn zu lenken. Die Erziehung zum

Umgang mit der Zeit und das Verschweigen der Ewigkeit, die Lenkung unserer Strebungen und Bedürfnisse auf Entwicklung brauchbarer Fähigkeiten für die Zivilisation, sowie die Offenheit gegenüber der Lockung materieller Güter, bereiten uns nicht auf die Ewigkeit vor, sondern auf den Ausschluss aus der ewigen Heimat.

Zwei Herren können wir nicht dienen, ermahnt uns bereits Jesus. Der Körper, der von uns alleine zu unserem Herren gemacht wurde, lässt sich durch den Zeitfluss zerstören und entlässt uns unvorbereitet in ein Leben in der feinstofflichen Welt. Die meisten Menschen sind überrascht, dass es überhaupt weitergeht. Sie waren nicht einmal auf das Aufwachen vorbereitet. Die irdische Phase der Existenz hatte den Einzigen gehabt, auf diese nun beginnende Zeit vorzubereiten. Das Diesseits dient dem Jenseits! Der Kurs im diesseitigen Leben sollte auf das ewige Leben vorbereiten. Die Unterordnung des irdischen Lebens unter die Diktatur des Leibes, widersprach der Erfahrung der Völker, einer Erfahrung, die sich in Jahrtausenden gesammelt hatte und darum aus der Flachperspektive eines von Trieben beherrschten Verstandes, nicht als hinnehmbar akzeptiert werden kann. Die jenseitigen Lebenserfahrungen wurden auch für uns gesammelt – als Warnung vor dem Versinken in materiellen Bedürfnissen und vor der distanzlosen Leichtgläubigkeit an irdisch Besessene, die jedoch in Wahrheit als Unkraut aus dem Ackerboden herausgerissen werden.

Der wahre Lehrer wohnt im Herzen – seine Stimme ist wahrnehmbar. Von ihm sollen sich die Menschen führen lassen. Er ist das eigene Selbst.

d. Die Theorie der Zeit.

Die Zeit ist in ihrem kontinuierlichen Verlauf homogen, von sich aus leer. Alle Zeitmomente sind sich gleich und darum von gleicher Bedeutung. Jedes Zeitmoment lebt von der Aufhebung des vorhergehenden. Alles materielle Sein ist dem Zeitfluss ausgesetzt. Der Mensch bildet sich die Zeit nicht selbst. Er unterliegt ihr. Im Voraus und zurück kann er sie berechnen, aber sie ändern, oder sich von ihr befreien, das kann er nicht. Als kosmische Macht versklavt sie ihn, aber mit dem Einsatz seines ganzen Wesens kann er sich ihrer bedienen. Durch ihren gleichmäßigen Ablauf, ist sie für die Durchführung von verschiedenen Experimenten und für das Abhalten von Exerzitien gut geeignet.

Für *Aristoteles* ist die Zeit „*das Gezählte an der Bewegung nach dem Früher und Später*" (Arist. Phys IV 11, 219, b1). An diesem Zeitbegriff hat sich im Mittelalter und der Neuzeit nicht viel geändert: Zeit als Messung der Bewegung nach dem Prinzip des Vergleichs zwischen früher und später. Das Messen ist eine Tätigkeit des Verstandes. Auf der Seite der Objektivität gibt es alleine die Veränderung, die nicht auf die Wirkung der Messung zurückgeht.

Diesem objektiven und quantifizierbarem Aspekt der Zeit, setzen die Religionen, besonders das Christentum, ihre qualitative Zeiterfahrung entgegen. Weil die äußere Zeit nicht den Menschen als ganzes trifft, vor allem nicht seine ihn zum Menschen konstituierende Transzendenz, bricht die Macht der Zeit an der Seinsstärke des menschlichen Geistes. Er ist stärker als die quantifizierbare Zeit mit ihrem Vergehenscharakter, weil seine Natur der Sukzession der Zeitphasen entzogen ist. Um einen

Zeitcharakter zu haben, fehlt ihm das „Fundament" – die Bewegung der Zeitphasen. Er lebt in einer dauerhaften Gegenwart, die dem Werden und Vergehen nicht zugänglich ist. Er repräsentiert die wissende Natur in uns und darum weiß er auch, was die Zeit ist. Sobald er sich dem Körper durch den Tod entzogen hat, kehrt er in seine natürliche Zeitlosigkeit zurück.

Durch ihren kosmischen Charakter und durch ihre eigene Macht versklavt die Zeit das Leben in der Materie. Unter anderem soll der Mensch endlich erkennen, dass die geistigen Notwendigkeiten wichtiger sind als die irdischen.

e. Die Knappheit der Zeit.
Das ewige Jetzt ist der Ausdruck der ewigen Dauer. In der materiellen Welt gibt es keine Dauer, weil es hier kein Seiendes gibt, das kraft der eigenen Natur auf die Zeit resistent wäre. Unser Verstand hat jedoch zu Objekten Zugang, die ohne Veränderung existieren. Sie sind keine Lebewesen, sondern Gegenstände der Mathematik, Geometrie, bzw. der Logik. Sie existieren unverändert und ewig, jenseits der Zeit. Ihre Realität hat anderen Charakter als die Dingwelt der Sinne. Auch die Inhalte der Ideen in der platonischen Tradition, haben eine dauerhafte und unveränderte Existenz, jenseits der Sinne und der Zeit. Am menschlichen Wesen ist der Zeit alleine die Leiblichkeit unterworfen. Ihr fehlt die höhere Existenzstärke, die sie vor der Vergänglichkeit retten könnte. Der Körper gehört zu den Produkten der Natur, in der alles vom Rachen der Zeit verschlungen wird. Der wahre, innere Mensch existiert jenseits der Natur. Jenseits der Natur im menschlichen und kosmischen

Sinne, existiert auch die alles umfassende Gegenwart, in der unser Wesen - der geistige Mensch – untergebracht ist. Auch das Wissen aus den Räumen der Vergangenheit und Zukunft gehört zu dieser Gegenwart. Das Gehirn ist ein Filter gegen das Bewusstsein des ewigen Wissens.

Die Zeit lässt sich mit dem körperlichen Bewusstsein nicht beherrschen. Sie dringt in unser Denken ein und lässt unsere Gedanken in einer bestimmten Abfolge auftreten. Erst im Zustand des körperlosen Denkens entfallen die Zeitschranken endgültig.

Trotz der Zeitknappheit – gemessen an der Kürze des Lebens und der Größe der Lebensaufgabe – treffen wir in jeder Ecke der Welt, auf einen unverantwortlichen Umgang mit der Zeit – mit ihrer Verschwendung. Ohne das Bewusstsein, dass sie knapp bemessen ist und das Wissen, dass sie doch ein kosmisches Gut zum Reifen, Wachsen und Befreien von Leiden darstellt, gelingt es den meisten Menschen nicht, zu einer vernünftigen Zeitdisziplin zu kommen und eine Sperrklausel gegen Zeitausgaben einzuführen. In der Erfahrung der Unwiederholbarkeit der Zeit, die sich im ewigen Rhythmus von uns entfernt und alles Irdische niederwälzt, unsere Körperlichkeit zerstört und dem Nichts preisgibt, sparen die meisten lieber das Geld als die Zeit.

Die großen Kulturen der Vergangenheit, nachdem sie den Sinn der Zeit begriffen haben, entwickelten ein Ewigkeitsdenken und alles Irdische und Diesseitige, der Vorbereitung auf das Ewige opferten. Von der irdischen Sphäre heraus, lässt sich die Zeit mit keinem Mittel beherrschen. Durch verzichtende Disziplin kann jedoch die Zeit zum Aufbau des ewigkeitsorientierten Denkens und Handelns benutzt werden. Darin bestand auch die

Verantwortung für die Zeitausgaben im täglichen Leben. In der Literatur über Zeit aus unseren Tagen, treten auch „tröstende" Aussagen, wie z. B. die Behauptung, auf, dass Erkenntnisse, die zum Inhalt unseres Bewusstseins gehören, niemals hinter uns zurück bleiben. Wenn wir uns jedoch die Inhalte des modernen Bewusstseins aus der Nähe ansehen und dabei bedenken, dass der Tod die Menschen in die körperliche Vernichtung antreibt, wobei sie doch als Geistwesen in die geistige Wirklichkeit integriert werden sollten, dann haben ihre irdischen Bewusstseinsprägungen nicht die geringste Chance, sich in der ewigen Heimat zu behaupten. In jener Seinssphäre gehören sie zum Müll!

Die kurzen Portionen von Jetzt werden uns ständig entzogen, so dass eine Gegenwart, die auch gegenwärtig bleiben würde, uns völlig fremd ist. Die Zeit ließe sich unter der Voraussetzung sparen, dass alles Tun und Machen alleine der Zeitverwirklichung gewidmet wäre. Zwischen der Pflicht das Richtige für die Ewigkeit zu tun und den täglichen Wünschen, unseren Körper vollständig zufrieden zu stellen, wird unser Bewusstsein zerrieben. Die Entscheidung für die Ewigkeit muss jeder für sich treffen.

Kapitel 11   Beherrschung der eigenen Natur durch Freude

a) Die allumfassende Dankbarkeit.

Die Dankbarkeit ist mit dem Empfang der Freude eng verbunden. Für alle Güter, die wir empfangen, und die in uns Freude auslösen, schulden wir Dankbarkeit. Sie will keine Pflichttugend sein, sie will ungezwungen und spontan aus dem Herzen ausbrechen. Wir wissen jedoch auch, dass Undankbarkeit eine andere Last ist. Das undankbare Herz hat Schicksalsschläge zu verantworten. Eine erzogene Dankbarkeit wohnt im reinen Menschen.

Die verbale Dankbarkeit – das „Danke!", „tausend Dank!" – gehört zu einer angenehmen, gesellschaftlichen Höflichkeitsform und steht für den Ausdruck der Nächstenliebe. Leider verkümmert sie zu einer leeren Redensart, in der die Empfindung der Seele nicht mitschwingt. Die schönen Dankesworte verbergen manchmal den umgekehrten Seinszustand – die Unzufriedenheit, Enttäuschung begleitet z. B. manche Sozialhilfeempfänger, die sich eine höhere Zuwendung gewünscht hätten, die beschenkten Geburtstagsjubilare, die mit mehr gerechnet haben und die Beschenkten aus allen anderen Anlässen.

Der Dank ist ein wichtiger Seelenindikator und in der Tradition war er ein sanktionierter Brauch, der wichtigere Bedeutung hatte, als der objektive Wert empfangener Güter. Dank war ein Gesang der Seele, ein jubelndes Empfangen, ein aus dem Herzen kommendes Gebet. Durch die heitere Stimmung des Geistes, strömte auf den Schenkenden der Segen von oben herab und bewirkte den Ausgleich für das geschenkte Gut. Besonders im christlichen Kulturbereich war aus dieser Begründung heraus das Geben seliger, denn das Nehmen. Der Erfahrung folgt ein Segen, der den Ausgleich der Güter bewirkt. Wenn man die alte Tradition des Gebens und Nehmens wieder beleben möchte, müssten auch die entsprechenden Seelenzustände reaktiviert werden: nur wer aus Liebe gibt, um den anderen Freude zu bereiten, sein Gemüt zu erhellen, seine Not zu lindern, beschenkt wirklich und kann auf dem Rückweg den Segen des Lebens empfangen. Spender dagegen, die aus Berechnung geben, um den eigenen guten Ruf zu verbreiten, auf sich Aufmerksamkeit zu lenken, haben nicht den inneren Boden bereinigt, der den Empfang der Segnung für ein gutes Werk erst möglich macht. Einzig der irdische Vorteil ist ihnen sicher, nicht aber der Gottessegen. Das Allerwichtigste auf beiden Seiten ist immer die rechte Seelenwärme, die den Segen auslöst.

Der wahre Begründer des Gebens und Nehmens war der Geist der Liebe und Freude. Die Wohltätigkeit und wohl auch der Mut zu nehmen, brachten den Himmel der Erde näher. Die Laisierung des Gebens und Nehmens kann – ohne die Nächstenliebe – zu einer Lebensversklavung ausarten, und auf der anderen Seite zur rücksichtslosen Ausbeutung Es gibt Geber, die aus kalter Berechnung etwas schenken. Dafür verlangen sie dann lebenslange Dankbarkeit, die sich im Entsprechenden äußern soll und zu einer wahren Versklavung führt.

Die Klugheit ihres eigenen Verstandes ist noch nicht dahinter gekommen, dass auch ihr eigenes Leben ein einziges Geschenk ist und ohne den höchsten Geber, gar nichts möglich wäre.

Jedoch auch die Empfänger von Geschenken können zu einer großen Unmoral verführt werden. Die Leichtigkeit, durch regelmäßige Geschenke, die Lebenskosten zu begleichen, führt zu Bequemlichkeit, zu Undankbarkeit an die Geber. Die enttäuschten Nehmer werden oft verleugnet und gehasst.

b) Freude als Reaktion auf das Gute.
Das Gute, welches uns Freude bereitet, muss bereits in unserem Besitz sein. Alleine die Hoffnung auf das kommende Gute reicht zum Auslösen der Freude nicht aus. Zu den vielen Auslösern der Freude gehört das Schöne in der Natur und Kunst. Die Erziehung zu einer ästhetischen Wahrnehmung des Schönen bildete seit der Antike die Vorstufe zur Wahrnehmung des Schönen im eigenen Geist und in den übersinnlichen Welten. Für die Philosophen im Mittelalter war die Schönheit eine universale Eigenschaft des Wahren, Guten und Einen. Das Schöne war schlechthin die Eigenschaft des Existierenden und je höher und selbstständiger das Existierende stand, desto schöner war es auch und desto höher das Erlebnis der Freude.

Für einen bewusst wahrnehmenden Menschen, der sich der Welt um ihn herum öffnete, war die Freude eine natürliche Lebensbegleiterin. Traurigkeit, bis hin zu Depression, war dagegen ein Beweis für die innere Verschlossenheit und damit ein Beispiel für den selbstverschuldeten Verlust der Kontakte zum Schönen. Der Traurige war ein Mensch, der in die Natur, nicht in die Natur des Seins integriert war:

Die Naturfreude, die im leiblichen Begehren ihre Wurzeln hat, und sinnenmäßig abgerufen wird, ist ein irdisches Gut und teilt das Schicksal alles irdischen Seins: es entsteht und vergeht, ist partikulär und nicht ganzheitlich, vom Begehren bekommt es ihren Wert; im Stillstand des Begehrens endet auch seine Existenz.

Die Geistfreude dagegen ist die Reaktion der Seele und des Geistes auf geistige Güter. Zu diesen Gütern gehört z. B. die Weisheit, die Wahrheit, das hohe transzendentale Wissen, der geschulte Charakter, das verwirklichte Tugendsystem, eingeübte Hilfsbereitschaft u. v. m.

c) Philosophie der Freude.
Die Geschichte überliefert uns Portraits zweier berühmter Philosophen Griechenlands, die ihr persönliches Wissen von der Welt auf völlig konträre Weise zum Ausdruck gebracht haben. *Heraklit* war von den negativen Qualitäten der Welt und des Lebens so tief deprimiert, dass er seine Reaktion der Enttäuschung und Traurigkeit nicht mehr nur mit Worten, sondern nur noch mit Weinen und Tränen vermitteln konnte. Man nannte ihn den „weinenden Philosophen."

Dagegen *Demokrit* sah in den Eigenschaften der Welt und in den Qualitäten des Lebens, so viele Gründe zur Freude, dass er ständig lachte und als „lachender Philosoph" in die Geschichte des Denkens eingegangen ist. In den Epochen danach und eigentlich bis zum heutigen Tage, können sich die großen Geister auf eine eindeutige Einschätzung der Welt nicht einigen: sollen wir uns freuen, dass wir auf der Welt sind, oder wäre eher die Traurigkeit der richtige psychische Zustand, in dem wir der Welt begegnen sollen?

Die dunklen, dämonischen Zeiten wiederholen sich in der Geschichte der Menschheit mit erstaunlicher Präzision. Immer wieder übernimmt das Böse die Regie über den Verlauf der Ereignisse. Die Hälfte der Menschheit ist von Schmerzen, Krankheiten, Hunger, Katastrophen und Kriminalität gezeichnet. Traurigkeit hat einen weiten Vorsprung vor Freude. In den aufhellenden Zeiten, nach Aufräumung der seelischen und materiellen Ruinen, kommt der Optimismus zurück und neue Schlösser werden gebaut. Die Blumen wachsen über den Gräbern.

Ist die weinende Traurigkeit die richtige symbolische Antwort auf die Frage nach der wahren Qualität der Welt, oder steht die Wahrheit auf der Seite der Freude? Mit einer richtigen Antwort fühlen wir uns sicherlich überfordert. Aus der eigenen Lebenserfahrung wissen wir, dass Traurigkeit und Freude untreue Genossinnen sind und nicht zu lange bei uns verweilen. Sie lieben den Wechsel. Fragen wir jedoch nach dem Grund ihres Erscheinens, stellt sich heraus, dass sie nicht den Launen unterliegen. Sie sind Folgen von eingetretenen Veränderungen in der Psyche.

Die alten Psychologen sprechen von Freude, wenn das Gute, das Gewünschte, sich im Leben ereignet hat. Der begründende Anlass zur Freude lag im Eintreten des erwarteten Guten. Die Traurigkeit wiederum gehörte zur Reaktion der Seele, wenn sich das Gute zerschlagen hat und statt dessen das Böse in einer seiner unzähligen Formen uns aufgesucht hat.

Auch die Philosophen haben sich seit der Antike des Themas angenommen. Sie wollten sich damit nicht einverstanden erklären, dass der Mensch von seinen Emotionen bestimmt wird und nicht von den Urteilen seines Verstandes und der Kraft des Willens. Bekannt war der Spruch der Stoiker: *„Platon ubiscuique unus"*, Platon ist in jeder Lage der gleiche! Der denkende Mensch führt sein Leben nach dem Erkenntnisstand der Vernunft und nicht nach der Färbung seiner Emotionen. Die Haltung der Stoiker, besonders von *Seneca* und *Marc Aurel* hat die Römer sehr beeindruckt. Als früherer Lehrer von Kaiser *Nero*, kritisierte Seneca den Kaiser für seine vielen Morde und den ausschweifenden Lebensstil. Als er vom Kaiser aufgefordert wurde im Palast zu erscheinen, wusste Seneca, dass sein Leben zu Ende geht. Er lud seine Freunde ein, hielt eine Schmährede auf Nero und anschließend nahm er sich das Leben.

Marc Aurel als Imperator des Reiches, verbrachte sein Leben in ständigen Kämpfen mit den Feinden im östlichen Teil des Imperiums. Er war täglich bei seinen Soldaten anwesend, lebte wie ein Asket und weil er ein Magenkarzinom bekam, litt er unter gewaltigen Schmerzen. Er hat sich so gut beherrschen können, dass niemand aus seiner Umgebung etwas von seinem Leid wusste. Er starb unter seinen Soldaten. Die Stoiker beherrschten alle positiven und negativen Gefühle und versuchten im vollkommen ausgeglichenen Zustand zu leben.

Obwohl die Christen die Werke der Stoiker emsig studierten, konnten sie jedoch der stoischen Philosophie nicht folgen. Sie haben die Leiden sehr hoch geschätzt und glaubten, dass eben durch die Schmerzen Christi und seinen Tod am Kreuz, die Menschheit von ihren Sünden erlöst wurde. Auch von den Freuden wollten sie sich nicht trennen. Sie haben sogar eine christliche Philosophie der Freude entwickelt. Durch die Schöpfung hätte Gott den Menschen zur Freude bestimmt. Bis in die Tiefe seines Herzens wäre der Mensch auf Freude eingestellt. Er schuf den Menschen gottebenbildlich, hätte ihn zur Freude an der göttlichen Natur eingeladen: an den Dingen der Welt, an der Betrachtung des Universums und der

Engelwelten. Er ist freiheits- und liebesfähig und kann die künftige Teilhabe am Wesen Gottes in der *„visio beatifica"* gut verstehen. Der unmittelbare Genuss Gottes (fruitio Dei) wurde dem Menschen für die ganze Ewigkeit zugesichert. Die Vorläufigkeit seiner Verfasstheit in leiblicher Verkleidung muss er von der sinnerfüllenden Bestimmung seines Wesens unterscheiden lernen. Er ist auf Gott hin entworfen worden und damit auf das ewige Leben in ewiger Freude bestimmt.

Der gläubig denkende und fühlende Mensch erwartet die tiefste Freude nicht von dieser Welt. Von der Qualität dieser Welt fühlt er sich eher bedroht. Diese Welt ist nicht die seine. Um die tiefste Sehnsucht seines Herzens zu erfüllen, reicht diese Welt nicht aus. Er ist nicht für diese Welt erschaffen. Er hätte es auch viel leichter, mit dieser Weltqualität zu leben und trotzdem tiefe Freude zu empfangen, wenn seine niedere Natur erzogen wäre und ihre Energien in das geistige Potenzial einfließen würde.

d) Theologie der Freude.

1. Der Ursprung der Freude, die ewige Quelle, aus der sie sich in die Schöpfung ergossen hat, ist nach den Heiligen Schriften Gott selbst. Die göttlichen Personen der Trinität lieben einander und strahlen ihre Freude in die Schöpfung. Den Kurzeinblick in diese Wahrheit vermittelt die Situation um die Taufe Jesu:

„Zu dieser Zeit kam Jesus nach Galika am Jordan zu Johannes, um sich von ihm taufen zu lassen. Johannes wollte es aber nicht zulassen und sagte zu ihm: Ich müsste von dir getauft werden und du kommst zu mir? Jesus antwortete ihm: Lass es nur zu! Denn nur so können wir die Gerechtigkeit (die Gott fordert) ganz erfüllen. Da gab

Johannes nach. Kaum war Jesus getauft, und aus dem Wasser gestiegen, da öffnete sich der Himmel, und er sah den Geist Gottes wie eine Taube auf sich herabkommen. Und die Stimme aus dem Himmel sprach: Das ist mein geliebter Sohn, an dem ich gefallen gefunden habe!" (Mt 3, 13 – 17) Die Taube symbolisiert den Heiligen Geist, die Stimme kommt von Gott Natur und der Logos ist in Gestalt von Jesus präsent.

Vor seiner Gefangennahme sprach Jesus zu seinen Jüngern: *„Ich habe dich auf der Erde verherrlicht und das Werk zu Ende geführt, das du mir aufgetragen hast. Vater verherrliche Du mich jetzt bei Dir mit der Herrlichkeit, die ich bei Dir hatte, bevor ich auf der Welt war.*" (Jo 17, 4-5)

Noch vor der Erschaffung der Welt war er in der Einheit mit Vater und Heiligem Geist von der Herrlichkeit Gottes umstrahlt.

2. Die Bewunderung für die Geschöpfe und die Freude an ihnen soll in Form von Lobpreis an den Schöpfer zurückfließen. Die Jünglinge Hamarya, Asarija und Michael, die von den Knechten des Königs in das Feuer eines glühenden Ofens geworfen wurden, sangen ein Lied zu Ehren Gottes, mit dem Aufruf an alle Geschöpfe der Erde und des Himmels, den Herren zu preisen und zu rühmen.:

„Den Herrn preisen die Sonne und Mond, die Sterne am Himmel, der Regen und Tau und der Schnee, die Nächte und Tage, das Licht und Dunkel..." Das Loblied ist lang und voller Poesie. Das Motiv für den Lobgesang liegt nicht alleine in der Dankbarkeit für die Errettung aus den Feuerflammen. Die jungen Männer haben die faszinierende Schönheit der Schöpfung entdeckt und danken dem

Schöpfer für seine Werke. Im Meer der Dankbarkeit hat sich das Bangen um ihr persönliches Schicksal aufgelöst. (Dn 51- 80)

3. Der Fromme sucht die Hilfe bei Gott und an ihm hat er die Freude.:

„Wohl dem Mann, der nicht den Rat der Frevler folgt, nicht auf dem Weg der Sünde geht, nicht im Kreis der Spötter sitzt, sondern Freude hat an der Weisung des Herrn." (Ps 1, 1- 2)

Die Idee, die sich wie ein roter Faden durch alle Texte der Bibel hinzieht, ist die Freude an den Weisungen des Herrn! Der durch den Glauben vernünftig gewordene Mensch lässt sich durch die Lockrufe der irdischen Güter nicht verführen und auch in lebensbedrohlichen Lagen wird er nicht instinkthaft nach Fluchtwegen greifen. Er wird sich vertrauensvoll an den Herrn wenden und in Freude für seinen Schutz danken.

4. Das Gute ist immer ein Geschenk Gottes:

„Weißt du das nicht von Urzeit her, seit Gott Menschen auf die Welt gesetzt hat: dass kurz nur währt der Frevler Jubel, einen Augenblick nur der Ruchlosen Freude?" (Job 20, 4 -5)

Freude, die immer währt, kommt alleine von Gott. Das egoistische, angeeignete Gute bringt böse Folgen und richtet sich gegen ihren Besitzer. Darum auch das biblische Sprichwort: *„In Sünde verstrickt sich der Böse, doch der Gerechte jubelt und freut sich."* (Sprichwörter 29, 6)

5. Christus teilt seine trinitäre Freude:

„Wie mich der Vater geliebt hat, so habe ich euch geliebt: Bleibt in meiner Liebe! Wenn ihr meine Gebote haltet, werdet ihr in meiner Liebe bleiben so wie ich die

Gebote meines Vaters gehalten habe und in seiner Liebe bleibe. Das habe ich euch gesagt, damit meine Freude in euch ist und damit eure Freude vollkommen wird."
(Jo 15, 9 – 11)

6. Christen stammen nicht von dieser Welt.

„Wenn die Welt euch hasst, dann wisst, dass sie mich schon vor euch gehasst hat. Wenn ihr nicht von der Welt stammen würdet, würde die Welt euch, als ihr Eigentum lieben. Aber weil ihr nicht von der Welt stammt, sondern, weil ich euch aus der Welt erwählt habe, darum hasst euch die Welt." (Jo 15, 18 – 19)

Das Wissen eines Christen, dass er nicht von der Welt, sondern von Gott ist, wird die Quelle seiner Freude nicht in der Welt suchen. Alle die Leiden, die dem weltlichen Menschen entstehen, alleine durch die vergängliche Natur, irdischer Güter, bleiben dem Christen erspart. Jenseits der weltlichen Grenzen, beginnen die ewigen Güter für die Nachfolger Christi.

7. Die wahre Freude besteht in der Teilnahme an der Seligkeit Christi:

„So seid auch ihr jetzt bekümmert, aber ich werde euch wiedersehen." (Jo 16, 22) In Erwartung der ewigen Freude verzichten die Christen auf die Gewinnung irdischer Freuden:

„Was wir gesehen und gehört haben, das verkünden wir euch auch, damit auch ihr Gemeinschaft mit uns habt. Wir aber haben Gemeinschaft mit dem Vater und mit seinem Sohn Jesus Christus. Wir schreiben dies, damit unsere Freude vollkommen ist." (Jo 1, 3-4)

Aus der Gemeinschaft mit Gott erfließt uns die vollkommene Freude.

8. Freut euch zu jeder Zeit!

„Seht zu, dass keiner dem anderen Böses mit Bösem vergilt, sondern bemüht euch immer, einander und allen Gutes zu tun.

Freut euch zu jeder Zeit!

Betet ohne Unterlass!

Dankt für alles; denn das will Gott von euch, die ihr Christus Jesus gehört.

Löscht den Geist nicht aus!

Verachtet prophetisches Reden nicht!

Prüft alles und behaltet das Gute!

Meidet das Böse in jeder Gestalt!" (1 Tess. 5, 15 – 22)

Das Gute, das Gegenstand und Grund unserer Freude ist, kann uns durch kein weltliches Schicksal genommen werden. Die Christen sind aus dem Gefängnis der Welt befreit und gehören der geistigen Realität. Der Christ freut sich zu jeder Zeit.

9. Christen haben ihre Begierden gekreuzigt.

„Der Frucht des Geistes, ist die Liebe, Freude, Frieden, Langmut, Freundlichkeit, Güte, Treue, Sanftmut und Selbstbeherrschung: denn allen widerspricht das Gesetz nicht. Alle, die zu Jesus Christus gehören, haben das Fleisch und damit ihre Leidenschaften und Begierden gekreuzigt!" (Gal. 5, 22-24)

Paulus unterscheidet die Werke des Geistes von den Freuden des Fleisches: *„Unzucht, Unsittlichkeit; aus-schweifendes Leben, Götzendienst, Zauberei, Feind-schaft, Streit, Eifersucht, Jähzorn, Eigennutz, Spaltun-gen, Parteiungen, Neid und Missgunst, Trink- und Essge-lage."* (Gal 5, 19 – 21)

Wer die Freuden des Fleisches dem geistigen Willen unter-stellt, hat sie nicht mehr im Fleische erweckt, freut sich zu jeder Zeit.

10. Die Heilshoffnung als Quelle der Freude.

„Der Gott der Hoffnung aber erfüllte euch mit aller Freude und mit allem Frieden im Glauben, damit ihr reich werdet an Hoffnung in der Kraft des Heiligen Geistes.„ (Röm 15, 13)

Zum Besitz des Guten, aus dem die Freude herausströmt, gehören keine irdischen Güter. Die unbesiegbare Freude ist die Frucht des Glaubens und der Hoffnung auf den ewigen Besitz von Gott.

11. „Ich ströme über vor Freude."

„Ich habe großes Vertrauen zu euch, ich bin sehr stolz auf euch. Trotz all unserer Not, bin ich vom Trost erfüllt und ströme über vor Freude." (2 Kor. 7, 1)

Bereits jetzt – in der leidvollen Gegenwart – werden die irdischen Drangsale durch Anschluss an Christus, in Freude verwandelt.

e) Christliche Freude.

Christentum leugnet nicht die Tatsache, dass die Menschen im Besitz des naturhaft Guten und Schönen sind und dass sie mit Recht ihre Freude daran haben. Gezweifelt wird allerdings daran, ob die natürliche Freude auch die Tiefendimension des Menschen erreicht und ob sie für das Ganze des Lebens Wert besitzt.

Das Bedürfnis nach Freude würde allen Stockwerken des inneren Menschen entspringen und nicht alleine der Leiblichkeit eigen sein. Die Freude des Körpers kann die Seele traurig machen und den Geist sogar in die Depression stürzen.

Das Christentum will das ganze Gebäude „Mensch" der Freude zuführen und das nicht nur in besonderen Momenten des Lebens. Das Leben als ganzes, in allen seinen Entwicklungsphasen besonders in der Zeit des Übergangs in eine höhere Seinsweise, soll an der Freude beteiligt werden. Die irdischen Freuden brechen ja alle zusammen, wenn das Gute aus dem sie resultieren, zerfällt oder seine Aktualität verliert. Von dieser Gefahr betroffen ist vor allem das Leben selbst, das gegen Tod, Invalidität und Krankheiten nicht immun ist. Keiner kann jubeln, wenn er mit verbundenen Augen am Rande eines Abgrunds steht. Weil der Tod unausweichlich ist und der Mensch einer Sinn zerstörenden Übermacht der Ereignisse ausgesetzt ist, bleibt von vornherein jeder natürlichen Freude der Boden entzogen.

Die christliche Freude ist die Freude an Gott. Für den Menschen ist es das höchste Gut und damit die Seligkeit selbst. Jeder Mensch wäre zum Eingehen in Gott durch die *„visio beatifica Dei"* bestimmt.

Im Zuge dieser Bestimmung soll er sein Leben führen. Jeder anderen Wahl der Lebensführung entzieht diese Bestimmung den Boden. Gott, der Verursacher unserer Existenz, ist kein Lohn für Standfestigkeit im Leben. Er ist der allmächtige Helfer in jeder Bedrängnis und ohne seine rettenden Taten, können wir aus den Verstrickungen nicht heraus. Das ewige Leben in Gott, das als Endform der Existenz gedacht ist, war die Freude in jeder Bedrängnis, im Trost in jedem Leid. Alleine die Gewissheit von der Befreiung aus dem Tod ist Grund genug, die sündhaften Wege im irdischen Leben zu meiden.

Die Freude an Gott schützt vor der Suche nach irdischen Quellen der Freude. Die Qualität Gottes als den allmächtigen Schöpfer der Welten, entzieht sich jedem Vergleich mit dem Besitz irdischer Güter. Wer in diesem Geiste sein Leben führt, wird dem weltlichen Nachhängen ein Ende setzen.

Nach der Natur der Güter, die ein Mensch besitzt, richtet sich die Qualität der Freude. Je höher die Seinsebene der Güter, desto intensiver die Freude an ihrem Besitz. Die materiellen Güter bereiten sicherlich ihrem Besitzer eine Freude. Eine höhere Freude erleben die Entdecker in den Wissenschaften und der Philosophie. Am glücklichsten sind jedoch die Erleuchteten, die in die Gottheit eingegangen und mit dem absoluten Sein eins geworden sind. Sie haben ihre menschliche Natur vergöttlicht, sind ewig geworden und haben ihre Individualität behalten. Die christlichen Mönche hatten an diese höchste Freude gedacht und trennten sich von allen anderen Quellen der Freude. Im Vergleich zu früher hat sich der Trend zur Freude wesentlich verstärkt. Die Art der erhofften Freude hat sich jedoch wesentlich verändert. Die Menschen wollen die rein irdischen Güter genießen, werden Opfer ihrer Unruhe und Ängste, schauen zitternd auf ihren Körperverfall, beobachten das Schwinden ihrer einstigen Bedeutung und das Ausscheiden alter Freunde aus dem Leben. Die antike Erkenntnis der Untauglichkeit irdischer Güter zu Glück und Freude, bestätigt sich in jeder Generation aufs Neue.

Zum Erleben der tiefen Freude brauchen wir die Unterordnung der unteren, irrationalen Natur. Dazu sind der geschulte Wille, die Tugenden und der religiös aufgeklärte Verstand notwendig. Unsere innere Natur ist nicht von dieser Welt. Um die wahre Freude zu gewinnen, brauchen wir transzendente Güter, die zeitlos sind und nicht verfallen.

Kapitel 12   Das Richtigsein durch Hoffnung

a. Hoffnung – die doppelte Tugend.

Erst die Tugend definiert das menschliche Richtigsein. Die Hoffnung beherbergt in sich die Richtung des Denkens und Handelns auf das wahrhaft Gute hin. Das Richtigsein – das wahrhaft Gute – hat in der natürlichen Welt keinen Maßstab. Eine natürliche Evolution, die dorthin führen würde, gibt es nicht. In dem Sinne ist das Richtigsein auch an den Zielen des Zeitgeistes nicht zu erkennen. Das von der Hoffnung angestrebte Heil, gibt es in der Intention der Natur nicht. Wir sehen keinen, über dem individuellen Bewusstsein stehenden Mechanismus, der uns schrittweise zur Erlösung bringen würde. Im Ablauf der Jahre nimmt zwar die natürliche Hoffnung der Jugend ab, wird als Illusion durchschaut, aber der zweite Inhalt der Hoffnung – ihr übernatürlicher Bezug – entsteht nicht automatisch auf den Ruinen der jugendlichen Täuschungen. Das natürliche Gut zerschlägt sich selbst und endet in der Erkenntnis als Illusion. Das von den Blindenbinden der Täuschung befreite Sehen, kann das wahre der objektiven Hoffnung immer klarer als ein Gut erkennen, das jenseits der Natur steht und mit übernatürlichen Mitteln zu realisieren ist. An das übernatürliche Lebensziel bringt uns die Natur nicht näher heran. Eigentlich entfernt sie den Menschen von seiner Bestimmung. Einen natürlichen Übergang von der Natur in das übernatürliche Richtigsein gibt es nicht. Der Geist ist kein Produkt der Natur. Er entstand aus einem „Stoff", den die materielle Welt nicht als eigen kennt. Die Aufgaben, die wir ihm gewöhnlich erteilen, entsprechen nicht seinem Wesen. In der Zivilisation fühlt er sich als

Fremdling und Gefangener. Er will auch nicht von einer fremden Kost ernährt werden. Das Wissen, das wir ihm vorsetzen und das er unter Studienzwang selber besorgen muss, verdaut er nicht gut. Er braucht das Wissen des Glaubens und das Quellwasser der Liebe. Ohne die transzendente Hoffnung wird er zum blinden Roboter. Mit einer transzendenten Hoffnung rechnet der robust diesseitig und metaphysische blind orientierte Geldverdiener von heute überhaupt nicht. Seine Erwartungen sind auf Geld- und Lustgewinn orientiert. Die ständig neu hinzukommenden Hoffnungsentwürfe der Technik und Wirtschaft, versuchen das gesamte Hoffnungspotenzial auf sich zu lenken und auf diese Weise die Hoffnung zu verwirklichen. Ihren Verbündeten findet diese Umerziehung im Umgang mit der Geschlechtlichkeit. In der Biosphäre liegt das unauslöschliche Feuer der Wünsche nach dem Neuen und das Löschwasser der Abneigung gegen das Gehabte. Das Neue ist heute nur kurz attraktiv und durch Abneigung schnell weggeworfen.

Die Geburtsstunde der Hoffnung schlägt im Moment der Bewusstwerdung der Gefangenschaft des Lebens im Ich. Wer sich von seinem Ich distanziert, hat bereits eine lange „Freundschaft" mit dem Ich hinter sich gelassen. In der Zeit eines kritischen Nachdenkens, wird er sein Ich wahrscheinlich mit einem Blutsauger vergleichen, der als Parasit an der Schlagader des Lebens die Kraft absaugt.. Das Ich ist eine Weltschöpfung und im Gegensatz dazu ist der Mensch eine Gottschöpfung.

In ihrem Begriffsinhalt umfasst die Hoffnung Stimmungen und Gefühle, die zu gewissen Lebensveränderungen motivieren. Sie hat verschiedene Grade der

222

Intensität und Gewissheit, zeigt auf die Zukunft hin, von der aus sie die Realisierung einer positiven Wirklichkeit erwartet. Sie beschränkt sich oft nicht nur auf das Individuum. Sie kann ganze Gruppen von Menschen umfassen, die motiviert durch neue Hoffnung sogar zum Kampf gegen die bestehende Realität bereit wären. Sie hat einen rationalen oder überrationalen Kern und unterscheidet sich von jedem Märchengebilde. Den Gegenstand der Hoffnung bildet nicht das Reale, sondern das Kommende und Mögliche. Auf die Realisierung des Möglichen aus dem Bereich einer Ideologie, Philosophie, Religion, oder einfach aus der alltäglichen Vorstellungswelt eines privaten Menschen, ist die Hoffnung ausgerichtet. Zu ihren Korrelaten können Inhalte einer Utopie, einer Revolution oder einer Erlösung und Eschatologie gehören. Von ihren Inhalten hängt es auch ab, was sie in der Wirklichkeit bewirkt.

In unserem Buch betrachten wir die Hoffnung als eine theologische Tugend, die der menschlichen Existenz eine überweltliche, durch göttliches Versprechen garantierte Zukunft weist. Verstanden wird die Hoffnung als eine Existenzlage des Unterwegsseins (status viatoris) des Christen, der sein Hauptziel noch nicht erreicht hat. Der Christ versteht sein Leben als einen Nachfolgepfad, als ein ständiges Trennen von allem, was ihm zusagt, was ihm gefällt, was er gerne behalten möchte. Täglich gleichermassen verlässt er das irdische Schöne, Gute und Gerechte, wie auch das Böse und Ungerechte. Er hat es gut verstanden, dass es auf einer Brücke zwischen zwei Ufern sinnlos wäre, ein Haus zu bauen. Die im Begriff des „*homo viator*" eingeschlossenen Bedeutungen entsprechen dem Vergänglichkeitsfaktor allem irdischen

Seins. Nicht nur mit jeder Sekunde vergeht das irdische Leben, sondern alles, was uns umgibt, verliert seine Form, zerfällt und schließlich versinkt alles in der Stille des Nichts. Wer als Inhalt seiner Hoffnung das Behalten irdischen Seins anstrebt, hat die Weltvergänglichkeit noch nicht durchschaut.

Darum haben die Christen ihr Leben wahrheitsgemäß als „auf dem Weg Sein" verstanden, als einen Durchgang von einem Ufer (Diesseits) zum anderen (Jenseits). Die damit aufgebaute Distanz zu den uns umgebenden Gütern, lenkt die Aufmerksamkeit auf ihre existenziellen Defizite. Die Konzentration ruht dann auf den ewigen Gütern des Glaubens, die in der erhofften Heimat auf den Menschen harren.

Dieser Zustand des Christengeistes ist nicht in der Natur verankert. Er will erlitten und gegen Widerstände verteidigt werden. Wird er zur Gewohnheit eingeübt, bildet er die Tugend der Hoffnung. Ohne die Tugend des starken Glaubens und der Liebe zu Gott, ist sie nicht erreichbar. Gegenstand ihres Hoffens ist das ewige Leben in Gott.

b. Die christliche Hoffnung.

Das „noch nicht Seiende" der christlichen Hoffnung, der fehlende Augenbeweis ihrer Wahrheit, bildet für den rationalistischen Verstand den Grund für das Aufgeben einer transzendenten Hoffnung. Der Ratio fehlt hier die Anbettung des Denkens an die Ganzheit des Seins. Die christliche Hoffnung setzt nämlich das Streben nach irdischen Gütern ab. Ihre Erwartung, ihr Vertrauen und ihre Geduld, ist einzig auf künftiges Heil gerichtet. Die künftigen Taten Gottes, die einen jeden betreffen werden, bilden den Gegenstand der christlichen Hoffnung. Die Hinlenkung der persönlichen Strebekraft auf das „*bonum futurum*" ist das wesentliche Merkmal der christlichen Hoffnung. In der Psyche soll keine Gefühl mehr bleiben, das nicht auf übernatürliches Heil ausgerichtet wäre. Für den Christen liegt das menschliche Richtigsein im Hoffen auf die persönliche Erweckung von den Toten. Im ganzen Universum gäbe es keine Macht, die unsere Vernichtung in Absicht hätte. Im biologischen Tode verändern wir alleine unser Aussehen (den Körper), das sowieso nicht zu unserem Sein gehört. Darum entspricht die mögliche Resignation auf Hoffnung niemals unserer tiefen Lebensintention. Die Resignation gehört zum körperlichen Ich. Das Durchhalten der Hoffnung – zum inneren Menschen. Die Gewissheit, geboren aus dem intuitiven Erfassen der Hoffnung, trägt uns über alle einstürzenden Brücken hinaus, führt uns in die lichten Landschaften, der wahren, ewigen Heimat. Das Düstere der weltlichen Realität, kann die Schönheit einer erwekkten Seele nicht mehr verbergen.

Die Bibel vermittelt die Wahrheit, dass ein Mensch niemals seine Gegenwart und Zukunft auf sich selbst oder auf Reichtum gründen kann(Ps. 52, 9) (Job 31, 24). Er kann sich auch nicht auf den Menschen gründen (Jr 17, 5), oder auf politische Macht (2 Kg 18, 24) (Is 31, 1; 36, 6; Os 12/13). Die religiöse Hoffnung setzt in ihrem Entstehen auf Distanz zu der materiellen Existenz. Sie wartet auf das, was sich mit dieser Existenz nicht erschöpft. Die religiöse Hoffnung ist erst nach Zusammenbruch aller irdischen Positionen möglich. Sie gründet im Halten an Verheißungen Gottes (Röm 15, 12; Mat 12. 21). Das Hoffen stützt sich nicht auf irdische Garantien.

Es ist der Glaube, der hoffend wartet (Gal 5, 5) und der auf der Rechtfertigung gründet (Röm 5, 8 – 10).

Den Zugang zum Verständnis der Hoffnung gibt es nur im Glauben. Wer hofft, dem werden Friede, Freude, Trost und Kraft geschenkt (Röm 15, 14). Hoffnung nimmt an der Gewissheit des Glaubens teil, an der Gewissheit, dass Gott allmächtig sei. Anderseits gehört zum Wesen der Hoffnung das Wissen, dass sie eng mit Gott verbunden ist (Thomas von Aquin: *„Oratio interpretativa spei"*) und dass die Hoffnung aufhört, sobald sie verwirklicht wird.

Zu der übernatürlichen Hoffnung ergänzt noch Paulus: *„Wenn auch unser äußere Mensch vergeht, der innere verjüngt sich von Tag zu Tag."* (2 Kor 4, 16)

c. Die Verzweiflung.

Sie gehört zu der Vorwegnahme des Bösen, ohne dafür Beweise zu haben. Wie die fest geglaubte Vorwegnahme des Guten zur Hoffnung gehört, so der Glaube an das sichere Eintreten des Bösen, die Verzweiflung formt. Sie tritt überall dort auf, wo die Hoffnung ihren Grund im Glauben eingebüßt hat und an Stelle des religiösen Glaubens, der rationale Verstand eingetreten ist. Im Bereich der transzendentalen Glaubenshoffnung ist die Verzweiflung niemals begründet, weil das Versprechen der Hoffnung sich erst am Jüngsten Tag verwirklichen wird. Eine transzendente Verzweiflung kann erst nach dem endgültigen Urteil Gottes am Ende der Welt zu Gewissheit werden.

Die Verzweiflung kann somit alleine unter den irdisch orientierten Menschen auftraten, die auf die vorweg genommenen Scherben ihrer Wünsche, infolge ihrer

Imagination und Überempfindlichkeit, dort hinaufblikken, wo das erhoffte Gute sich verwirklichen sollte.

Die Theologen zählen die Verzweiflung zu den Sünden gegen den Heiligen Geist. Gemeint ist hier die überirdische Form der Verzweiflung, welche die Erlösung leugnet, den Erlöser nicht anerkennt, den Weg zum ewigen Leben bestreitet.

Es gibt auch „mittlere" Formen der übernatürlichen Verzweiflung, die sich in der Ablehnung des eigenen Seins als Geistwesen äußern. Weil die Mühen des Aufstiegs zu Gott verweigert werden, betrachtet man diese Form der Verzweiflung als Trägheit des Herzens und man zählt sie unter die sieben „Hauptsünden". Die Trägheit bindet alles das anzunehmen, was der Mensch von Natur aus alles ist. Er lehnt im Grunde die Verantwortung für die Pflege des eigenen Wesens ab. Er wählt den bequemen Weg der Angebote der Zivilisation und will im irdischen Leben glücklich sein.

Hoffnung gehört zu den prägenden Mächten des Lebens. Sie will die Zukunft nach eigenen Wünschen zur Gegenwart prägen und dem Lebenslauf eine logische, aufsteigende Linie einverleiben. Sie belohnt den Menschen mit den gewünschten Gütern, kann aber auch alles mühsam Gesammelte verstreuen und im Nichts auflösen. Was die Flüchtigen lebenslang gehortet haben, kann eine leichtsinnige Politik in Kürze vernichten.

In der Schwere des Daseins haben die Religionen mit einem postmortalen Leben, im geschützten, göttlichen Friedensraum, den ermüdenden Menschen getröstet. Im geglaubten Ausgleich und im Lohn für tapferes Durchhalten aller irdischen Strapazen, lag die Gegenwart der Hoffnung. Hoffnung gehört untrennbar zur menschlichen

Natur. Ihre Ausrichtung ist jedoch vom menschlichen Glauben und Wesen abhängig. Die modernen Menschen ziehen ihre Wünsche vom Himmel auf die Erde herab. Die neuen Hoffnungsentwürfe kommen heute nicht mehr von den Religionen und Philosophien. Sie wurzeln alle in der technisch-wissenschaftlichen Machbarkeit und sind auf die Befriedigung irdischer Bedürfnisse ausgerichtet.

Dass nicht nur die schönsten Rosen verwelken und auch der hellste Tag von einer dunklen Nacht vertrieben wird, sondern auch das eigene Leben seine Gefangenschaft im Leibe beendet und in die kosmischen Freiräume entflieht, interessiert den besessenen Gütersammler wenig.

Über die Zukunft haben wir kein Wissen. Darum können wir sie auch nicht bezwingen. Als Ergebnis einer konsequent durchgeführten Selbsterkenntnis wissen wir jedoch, dass unser Leib und die Erde als sein Wohnort, eine vorläufige Bestimmung der Menschen ist und dass nach der Entleibung, ohne Bewusstseinsverlust, der leiblose Mensch in einer feinstofflichen Welt, seine Existenz weiter führen wird.

Für Menschen, die sich der Mühe einer Selbsterkenntnis nicht stellen wollen, gibt es seit Jahrtausenden, die auf Glauben aufgebaute Hoffnung auf ein höheres Leben in der geistigen Welt. Diese Hoffnung schütze genau so wirksam vor Entgleisungen, wie vor Verzweiflungen und psychischen Erkrankungen. Sie ermöglicht ein ausgeglichenes Leben zu führen.

Der moderne Mensch, rational und logisch gebildet, kennt nur seinen vergänglichen Leib und das ihn umgebende materielle Universum. Er glaubt an die Endgültigkeit des Todes. Seine Hoffnung ist innerweltlich. Zur

Unterwerfung seines irrationalen Naturteils sieht er keinen Anlass. Sobald sich seine Gefühle und Emotionen zu emanzipieren beginnen, sieht er keinen Grund, diesen Prozess zu stören. Dass darunter auch seine Verantwortung leiden wird und seine sittlichen Werte zerfallen können, nimmt er alleine schon wegen der Treue zu seinen Überzeugungen in Kauf.

Die Pflege der transzendentalen Hoffnung gehört zum antiken Kulturgut, das auch unsere Sittlichkeit begründet. Die Hoffnung hatte die irrationalen Teile der Natur erzogen und in Zaum gehalten. Menschen, ohne die transzendente Hoffnung, sind der destruktiven Macht der Gefühle ausgesetzt und können schlecht den Stresstest der Zivilisation bestehen, Diejenigen dagegen, welche ihre irrationale Natur erzogen haben, erfreuen sich eines ausgeglichenen Inneren, das von keiner Seite angegriffen wäre.

Kapitel 13   Friede ohne Gefühlserziehung ist nicht möglich.

a) Friede als Produkt des Geistes.

Unreflektiert werden falsche Meinungen aufgenommen, rein weltliche Erwartungen verdrängen religiöse Hoffnungen, sozial ethische Normen der Nächstenliebe werden kaum noch beachtet. Die Fehlhaltungen laizistischer Gruppen etablieren sich als normales Verhalten im gesellschaftlichen Spielraum. Die frühere sinnerfüllende Hinordnung auf die Transzendenz wird durch wissenschaftliche Welterkenntnis ersetzt. Die innere Übernahme des destruktiven Weltcharakters verhindert die alte, ordnende Entscheidung auf Gott. Der Friede in der alten Begriffsbestimmung, als der optimale Zustand menschlicher Verwirklichung, wird noch selten angestrebt. Von den alten Komponenten der Friedensidee bleibt höchstens noch die Würdigung eines harmonischen Verhältnisses zwischen Gemeinschaft und Einzelpersonen übrig. Das Subjekt des Friedens ist jedoch nicht die Gesellschaft, sondern die individuelle Person. Nach den alten Friedenslehren liegt der Schwerpunkt im Durchdrungensein des Einzelnen von der transzendenten Weisheit, die bekanntlich nicht auf dem Weg der Weltzuwendung zu finden ist. Es gab eine Zeit in der Geschichte des Christentums, in der die Friedensverwirklichung nicht im Herzen, sondern – am Beispiel der großen antiken Reiche und der *„Pax romana"* – in geschichtlicher Einflussnahme gesucht wurde. Dagegen erhob sich *Augustinus* und in seinem Hauptwerk *„De civitas Dei"* lenkte er die Aufmerksamkeit der Christen von der Welt ab. Die Aufgabe der Christen liegt in der Erzeugung des Seelenfriedens, der ohne die Abkehr von der Welt nicht möglich ist. Seine Ideen versuchten vor allem die Klöster in der Geborgenheit der Herzensgemeinschaft den Frieden zu pflegen. In diesem Geist lehrte auch **Thomas von Aquin**. Der Friede wäre nach ihm, die von allen erstrebte Ordnungsreihe, die auf dem Boden der Weisheit gedeiht. Erst die Kampfschriften der Aufklärer griffen den inneren Frieden an. Die theologische Tradition des Friedens begann immer deutlicher zu zerfallen und die Aufmerksamkeit wurde auf die Suche nach dem äußeren Frieden gelenkt.

Trotz der Sinnverluste bleibt der geistige Friede das zentrale Strebeziel der Christen, die um ihre innere Vollendung ringen. Sie fühlen sich jedoch der Aufgabe verpflichtet, auch bei anderen den geistigen Friedenswillen zu erwecken und ihn vor der Überflutung durch ideologische Abirrungen zu schützen.

Die philosophische Vernunft, die den Frieden, den Fortschritt, die Freiheit und Hoffnung durch ihr Erwahhen zu Rationalität und Wissenschaftlichkeit garantieren will, scheitert immer wieder an der Biologie des Menschen, an seiner wildwüchsigen Psychologie der nachkommenden Generationen. Die individuelle Natur lässt sich durch Rationalität nicht zum Wohle der Menschen kanalisieren. Sie verfängt sich in ihren Trieben und in der Privatsicht des Lebens. Die rein irdischen Lebensideale greifen zu kurz. Die menschliche Natur will, auf ihren höheren Etagen zu Transzendenz erzogen werden und von dort ihr tägliches Brot beziehen.

Eine Emanzipation der Leiblichkeit aus ihren geistigen Herkunftsschichten, garantiert nicht die Zunahme des Friedens. Die geistige Elternschaft des Körpers will die

Realität des Lebens mitgestalten. Der innere Protest gegen den Absolutheitsanspruch der Leiblichkeit, kann jeden Friedensversuch zum Scheitern bringen. Ohne die Mitbestimmung der Chefetage ist das Unternehmen „Mensch" leistungsunfähig. In der Begriffsbestimmung des Friedens wird allgemein ein harmonisches Verhältnis zwischen Gemeinschaft und den Einzelpersonen betont. Sie soll durch rechtlich-politische Daseinssicherung garantiert werden. Kann jedoch der Friede durch äußere Mittel erhalten bleiben?

Zwischen dem äußeren und inneren Frieden besteht sicherlich eine wechselseitige Bedingtheit. Man kann jedoch keineswegs behaupten, dass die rechtliche Sicherung des Daseins den Frieden zeugen kann. Die Geburt des Friedens, auch des äußeren Friedens, findet in den inneren Räumen der Persönlichkeit statt.

b) Die Friedenstheologie im Alten und Neuen Testament.

1. Die Friedenssätze des Alten Testaments.

„Du legst mir größere Freude ins Herz, als andere haben bei Korn und Wein in Fülle. Im Frieden leg' ich mich nieder und schlafe ein, denn du allein, Herr, lässt mich sorglos ruhen." (Ps. 4, 8-9)

„Erbittet für Jerusalem Frieden! Wer dich liebt, sei in dir geborgen. Friede wohne in deinen Mauern, in deinen Häusern Geborgenheit." (Ps. 122, 6-7)

„Herr, tu Gutes den Guten, den Menschen mit redlichem Herzen! Doch wer auf krumme Wege abbiegt, den jage Herr samt den Frevlern davon! Friede über Israel." (Ps. 125, 4-5)

Der Friede wird erbeten. Er kommt von Gott. Friede

verträgt sich nicht mit Unrecht. Wer seine negativen Gedanken und Gefühle nicht kontrollieren kann, kennt auch keinen Frieden. Er wird von Gott wie ein Frevler behandelt. Die Taten des Ungerechten sind *„Taten des Unheils. Gewalttat ist in ihren Händen. Sie laufen dem Bösen nach, schnell sind sie dabei unschuldiges Blut zu vergießen. Ihre Gedanken sind Gedanken des Unheils, Scherben und Verderben sind auf ihren Strassen."*
(Is 59, 6-7)

Wer von Angst betroffen ist, von Angst vor Strafe für seine Untaten, bekommt nicht den Frieden: *„Dann bekommen sie Angst und suchen Frieden; doch es wird keinen geben... Ich will sie behandeln, wie es ihr Verhalten verdient, und will ihnen das Urteil sprechen, das ihren Urteilen entspricht."* (Ez 7, 25, 27); Wer den Schrecken über sich ergehen muss, weil er ihn verursacht hat, bekommt von Jahwe keine Hilfe: *„Ja, so spricht der Herr: Angstschrei vernehmen wir; Schrecken und kein Friede."* (Jr 30,5) Friede verträgt sich auch nicht mit Sünde: *„Nichts blieb gesund an meinem Leib, weil du mir grollst, weil ich gesündigt, blieb an meinen Gliedern nichts heil."* (Ps 38, 4)

In der Theologie des Alten Testaments sind Krankheiten eine Strafe für begangene Sünden. Ein Sünder, wenn er nun leidet, kann auch keinen Frieden empfangen.

Friede ist mit Gerechtigkeit verwandt: *„Das Werk der Gerechtigkeit wird der Friede sein, der Ertrag der Gerechtigkeit sind Ruhe und Sicherheit für immer."*
(Js 32, 17)

Die gleichen Gedanken drückt der Psalm 85, 11 aus: *„Es begegnet einander Huld und Treue, Gerechtigkeit und Friede küssen sich."* Friede ist das Resultat der

Befolgung von göttlichen Weisungen, *„Alle, die deine Weisungen lieben, empfangen Heil in Fülle; es trifft sie kein Unheil."* (Ps 119, 165)

Nach der biblischen Wortbestimmung äußert sich der göttliche Friedenswille in der Tendenz aller Geschöpfe zum Vollendetsein. Die von Gott erschaffenen Welten sind aufeinander abgestimmt und die Universalordnung bekundet sich nicht nur in der Beziehung der Planeten und der Sonne zueinander, sondern auch in den Verhält--nissen zu den Engelwelten. Das friedliche Miteinander der Menschen und ihre Beziehung zu Gott, ist Gegenstand des göttlichen Geschichtswirkens. In der Schöpfung äußert sich der göttliche Friedenswille in der Tendenz aller Geschöpfe zum Vollendetsein.

Zwischen Jahwe und seinem Volke wurde ein Bund des Friedens geschlossen und damit das göttliche Geschichtswirken unter Beweis gestellt.

„Der Priester Pinhas... hat seinen Zorn von den Israeliten abgewendet dadurch, dass er sich bei ihnen für mich ereiferte... Darum sage ich hiermit gewähre ich ihm meinen Friedensbund. Ihm und seinen Nachkommen wird der Bund des ewigen Priestertums zuteil." (Numeri 25, 11-13)

Im Sinne des Friedensbundes äußert sich Jahwe durch den Propheten Jesaja: *„Auch wenn die Berge von ihrem Platz weichen und die Hügel zu wanken beginnen – meine Huld wird von mir nie weichen und der Bund meines Friedens nicht wanken."* (Is 54, 10) Im gleichen Sinne beteuert Jahwe: *„Mein Volk wird an einer Stätte des Friedens wohnen, in sicheren Wohnungen, an stillen und ruhigen Plätzen."* (Is 32, 18).

„Der Herr gibt Kraft seinem Volk. Der Herr segnet sein

Volk mit Frieden." (Ps. 29, 11) Der Bundesfriede umfasst nicht nur Menschen, sondern auch die Natur: *„Ich schließe für Israel an jedem Tag einen Bund mit den Tieren des Feldes und den Vögeln des Himmels und mit allem, was auf dem Erdboden kriecht."* (Ps. 2, 20) *„Mit den Steinen des Feldes bist du verbündet, die Tiere des Feldes werden Frieden mit dir halten."* (Ijob 5, 23) Zu den Garanten des Friedens gehört Liebe zu Gottes Gesetz: *„Hättest du doch auf meine Gebote geachtet! Dein Glück wäre wie ein Strom und dein Heil, wie die Wogen des Meeres."* (Is 48, 18) Tätige Nächstenliebe: *„Die Fesseln des Unrechts zu lösen, die Stricke des Jochs zu entfernen, die Versklavten freilassen, jedes Joch zu zerbrechen, an die Hungrigen dein Brot auszuteilen, die Obdachlosen Armen ins Haus aufzunehmen, wenn du einen Nackten siehst, ihn zu bekleiden und dich deinen Verwandten nicht zu entziehen."* (Is 58, 6-7) Der Friede ist die Frucht des messianischen Gottesreiches. Der Messias ist der Fürst des Friedens: *„Denn uns ist ein Kind geboren, ein Sohn ist uns geschenkt. Die Herrschaft liegt auf seiner Schulter; man nennt ihn: wunderbarer Ratgeber, starker Gott, Vater in Ewigkeit, Fürst des Friedens. Seine Herrschaft ist groß und der Friede hat kein Ende."* (Is 9, 5-6) Der messianische Friede ist grenzenlos: *„Er spricht Recht im Streit der Völker, er weist viele Nationen zurecht. Dann schmieden sie Pflugscharen aus ihren Schwertern und Winzermesser, aus ihren Lanzen. Man zieht nicht mehr das Schwert, Volk gegen Volk und übt nicht für den Krieg."* (Is 2, 4)

2. Friede nach Neuem Testament.

Nach Paulus fordert der messianische Friede die Bereitschaft, für das Evangelium vom Frieden zu kämpfen: *„Gürtet euch mit Wahrheit, zieht als Panzer die Gerechtigkeit an und als Schuhe die Bereitschaft für das Evangelium vom Frieden zu kämpfen.“* (Eph 6, 14-15) Der Friede verbindet die Herzen mit Christus: *„Und der Friede Gottes, der das Verstehen übersteigt, wird eure Herzen und eure Gedanken in der Gemeinschaft mit Christus Jesus bewahren.“* (Phil 4, 7) Der Friede herrscht zuerst im Herzen: *„In eurem Herzen herrsche der Friede Christi; dazu seid ihr berufen als Glieder des einen Leibes. Seid dankbar!“* (Kol 3, 15) Die menschliche Mitwirkung in Form von bewusster Strebung nach Frieden ist notwendig: *„Lasst uns also nach dem Streben, was zum Frieden und zum Aufbau beiträgt.“* (Röm 14, 19) Nach Frieden soll man mit Eifer streben: *„Strebt voll Eifer nach Frieden mit allen und nach Heilung, ohne die keiner den Herren sehen wird.“* (Hebr. 12, 14)

In der Seligpreisung der Bergpredigt verspricht Jesus die Sohnschaft Gottes allen, die Frieden stiften: *„Selig, die Frieden stiften, denn sie werden Söhne Gottes genannt werden. (Mat 5, 9) Wer Frieden sucht, sucht nach Gott. Flieh vor den Begierden der Jugend. Strebe unermüdlich nach Gerechtigkeit, Glaube Liebe und Frieden, zusammen mit all denen, die den Herren aus reinem Herzen anrufen.“* (2 Tim 2, 22)

„Wer das Leben liebt und gute Tage zu sehen wünscht, der bewahre seine Zunge vom Bösen und seine Lippen vor falscher Rede. Er meide das Böse und tue das Gute, er suche Frieden und jage ihm nach.“ (1 Petr. 3, 10-11) Friede ist kein Geschenk der Natur. Sie ist voller Angst,

Unruhe und Kampf. Friede ist ein Produkt der Kultur! Die Religion und später auch die Philosophie waren die Seele der Kultur. Aus dieser Verbindung entstand der Friede. Andere Allianzen führten zu Krieg und Kampf. Die individuelle Seele ist der ursprüngliche Ort des Friedens. Ohne die Pflege der Seele gibt es Wildwuchs, Bedrohung und Kampf, widersprüchliche Strebungen. Der untere Teil der Seele strebt nach Herrschaft über den Willen und Verstand. Im individuellen Menschen gehen alle Verstandesinvestitionen verloren, wenn der irrationale Naturteil zum Angriff bläst, um seine Macht über den ganzen Menschen auszudehnen. Einen anderen Weg zur Absicherung des Friedens, als die Erziehung der irrationalen Strebungen gibt es nicht! In ihnen ruht die Kraft, die nach Umwandlung, zu Festigung des Friedens benötigt wird.

Aus einer sicheren geschichtlichen Distanz zu den Programmen der Aufklärungszeit, die der alten sokratischen Illusion folgten, nach der das Verstehen der Idee des Guten ausreicht, um gut zu handeln, haben wir u. a. aus den grausamen Weltkriegen gelernt, dass die Erkenntnis alleine den Frieden nicht sichern kann. Friede als geistiger Zustand der Ordnung aller psychischen und geistigen Kräfte, entsteht durch Integration irrationaler Naturkräfte mit der erweiterten Rationalität. Die Rationalität alleine geht im Chaos der unteren Kräfte ein. Ein Attentäter, Mörder oder Dieb kann hoch gebildet sein, aber die Bildung wird ihm nur helfen, seine Verbrechen „besser" zu planen und auszuführen. Das Freidensunternehmen kann alleine durch die richtige Erziehung der Gefühle gelingen.

238

Kapitel 14   <u>Der Schutz für den Verstand.</u>

a. Der Weg der Weisheit und Erleuchtung: die Meditation.

Die immer stärker werdende Zuwendung zu der eigenen Leiblichkeit und der Welt, erleben viele Menschen als Verhinderung der Rückkehr ihres Bewusstseins zu sich, zu der eigenen Tiefe im Inneren. Der in den letzten Jahrhunderten vollzogene Übergang vom Glauben zur säkularen Vernunft, empfinden viele als Verrat am eigenen Menschsein. Hinzu kommt das Fehlen der meditativen Praxis im Westen und das oft beklagte Misslingen der östlichen Formen des Meditierens, angewendet an die westliche Geistigkeit. Der Osten lehrt z. B. die Unfähigkeit des Verstandes, besonders der wissenschaftlichen Rationalität, richtig zu meditieren. Die Meditation würde erst an diesem Punkt beginnen, wo der Verstand endet. Wer ihn auch in der Meditation gebrauchen möchte, hätte von der Meditation nicht viel verstanden.

Wer meditieren will, muss den Verstand ausstillen, ihn fallen lassen. Er versperrt den Zugang zu reiner Bewusstheit. Sie wird durch ausschließende Beobachtung des Körpers, der Emotionen, der Erinnerungen, der Gedanken und Vorstellungen entstehen. Zu dem ganzen Wahnsinn, der im Gehirn tobt, hält der Meditierende Distanz! Der Meditierende ist Zeuge und Beobachter von allem, was im „Kopf" passiert. Durch die nicht urteilende, distanzierte Beobachtung, verändert sich das beobachtete Geschehen, ähnlich den Atomteilchen unter dem Blick des Physikers. In die ungeordnete Jagd der Gedanken und Vorstellungen sowie Phantasien, zieht langsam ein ordnender Strom ein und der Geist kommt zur Ruhe und zum Frieden. Die Stimmungen, Emotionen und Gefühle, ziehen sich in den Seelengrund zurück.

Von dem reichen Angebot an fernöstlichen Meditationstechniken, schlage ich die „*Vipassana*" vor – die „stille Meditation". Sie geschieht auch ohne Inanspruchnahme des Verstandes und westlicher Rationalität und führt zügig zu Erleuchtung.

Vipassana existiert in drei Formen. Die Entscheidung, welche Form gewählt wird, trifft jeder persönlich. Einen einführenden Meister braucht Vipassana nicht. Um sie mit Erfolg zu praktizieren, reicht die hier gegebene Schilderung.

Bei der ersten Art richten wir die Aufmerksamkeit auf den Atem, wie er ein- und austritt. Wir konzentrieren uns auf die Nasenlöcher und erspüren die Luft, wie sie ein- und austritt. Der einströmende Atem fühlt sich kühl in den Nasenöffnungen an. Am Vorgang der Ein- und Ausatmung ist das ganze Bewusstsein versammelt. Die Atmung machen wir nicht, wir ändern sie auch nicht. Unsere Aufgabe besteht alleine in der Beobachtung der Atmung, ohne sie zu beeinflussen. Wir sind nur der stille Zeuge unserer Atmung.

Auch die zweite Art von Vipassana besteht in der Beobachtung der Atmung. Unsere Aufmerksamkeit richtet sich jedoch nicht mehr auf die Nasenöffnungen, sondern auf das rhythmische Senken und Heben des Bauches in Höhe des Nabels. Wenn die Luft eingeatmet wird, hebt sich die Bauchdecke und wenn sie herausströmt, senkt sie sich wieder. Alles, was wir vom Bewusstsein her leisten, beschränkt sich auf das Halten der Aufmerksamkeit beim Heben und Senken des Bauches.

Die dritte Art von Vipassana beruht auf einer ausgedehnten Aufmerksamkeit auf den Körper, die Seele und den Geist – somit auf die Körperbewegungen, auf die Handlungen, Gedanken, Motive, Ziele und den ganzen Komplex von Emotionen. Während wir z. B. spazieren, beobachten wir jede Bewegung des Körpers, seiner Beine und Arme, der Rückenmuskulatur, etc. Mit jedem Schritt nehmen wir die veränderte Position des Körpers wahr, des Kopfes, der Bauchmuskulatur etc. Wir bemerken den Widerstand des Bodens, die Geräusche in der Natur um uns herum, ihre Stimmung, die Farben des Himmels. Jedes Gefühl, jede Stimmung und jede Reaktion machen wir uns bewusst. In der Rolle als distanzierte Beobachter, kritisieren und korrigieren wir nichts! Wir machen uns nur ein inneres Bild von uns. Außer der körperlichen und emotionalen Ebene, beobachten wir auch unsere Gedanken, die ohne unser Zutun kommen und gehen. Zu den vorüber ziehenden Gedankenbildern sagen wir ganz einfach: Ja, ich habe euch gesehen, zieht bitte weiter! Zu den wiederholt auftretenden Gedanken sagen wir: Später bitte, jetzt spaziere ich! Wir bleiben einfach nur Zeuge und nicht der Diskussionspartner. Wir beobachten, ziehen daraus jedoch keine negativen oder positiven Schlüsse. Mit der gleichen Aufmerksamkeit begleiten wir alles andere, was in unserem Leben passiert. Beim Essen z. B. machen wir uns die Handbewegungen, das Schlukken und Schmecken voll bewusst. In gar nichts lassen wir uns hineinziehen und verlassen nie den Zeugenstand. Besonders bei heftigen Emotionen ist diese Haltung wichtig. Sie dürfen nie zu nah an uns heran gelassen werden. Wir bleiben in allen Lagen bei nicht bewertender Zeugenhaltung.

Nun stellt sich die Frage nach den Vorteilen dieser Meditation im Vergleich zu anderen, berühmten Meditationsschulen.

Vipassana ist vor allem eine reine Meditation ohne aktive Begleitung des Denkens und ohne Einmischung von Religion. Sie rechnet auch nicht mit einem hohen Preis im Himmel für brave Gefolgschaft. Zu ihren theoretischen Prinzipien gehört alleine die Überzeugung, dass alles, was ein Mensch erreichen, erkämpfen, verwirklichen will, in ihm selbst, im potentiellen Zustand existiert. Er schenkt sich selbst die Erleuchtung, oder sogar die *Weissung* und *Goldung*. Von keiner Seite, auch von der Transzendenz nicht, braucht er Hilfe oder Unterstützung. Auch durch eventuelle Selbstvorwürfe ist er nicht blockiert. Er weiß ganz genau, dass, wenn es eine Gottheit gibt, dann wohnt sie in ihm.

Zu den interessanten Phänomenen dieser Meditation gehört das schnelle Verschwinden der geistigen Unruhe, der psychischen Ängste, und der neurotischen Störungen, obwohl die Meditation auf ihre Beseitigung nicht ausgerichtet war.

Die Vipassana können wir in einer der drei ausgeführten Formen üben, oder auch alle drei nacheinander. Die Konzentration auf die Nasenöffnungen alleine, schützt zusätzlich vor Erkältungskrankheiten, verhindert Bewusstseinsstörungen im Alter, beseitigt Kopfschmerzen und bringt ungeahnte Energien mit sich. Ihr Ziel liegt jedoch viel höher: Sie will die Erleuchtung bringen!

Die Aufmerksamkeit auf das Heben und Senken des Bauches ist auf das Sonnengeflecht direkt ausgerichtet – auf die Hauptquelle unserer Lebensenergie. Sie wird bei Störungen der Lebenskraft angewandt, zur Beseitigung depressiver Verstimmungen, bei Ängsten und Mutlosigkeit. Außerdem – bei allen Erkrankungen des Leibes. Allerdings, nicht die Beseitigung der Krankheiten ist das Motiv der Meditation. Vor allem wollen wir uns von allen Störungen seitens des Verstandes und seiner Rationalität befreien. Wir wollen, dass der transzendentale Teil in uns nicht länger von Begriffen versperrt bleibt und uns auf geradem Weg in die Erleuchtung führt.

Der Beobachter oder Zeuge in unserer Meditation ist das reine Bewusstsein, das reine Gewahrsein. Es ist nicht mit der Psyche oder dem Geist identisch. Nach der hinduistischen Psychologie, der dieser Begriff entnommen wurde, ist der Zeuge das ewige Selbst in uns. Die Begründung für die Identitätsverlagerung vom irdischen Ich auf das göttliche Selbst, liegt in der Intention der Meditationsübung selbst. Wir wollen als unser wahres Ich das Selbst inthronisieren, das immer schon erleuchtet ist. Damit wären wir von allen irdischen Geschehnissen in uns getrennt. Sie gehören nicht zu unserem Selbst, sind von uns himmelweit entfernt, darunter besonders die betrügerischen Gefühle und Stimmungen, die eine familiäre Einheit mit unserem Bewusstsein vortäuschen.

Die hier vorgestellte Meditation führt zur Einswerdung mit dem Selbst; hinduistisch: mit dem *Atman*, der die höchste Gottheit im Universum – das *Brahman* – ist! Wer zu der höchsten Quelle allen Wissens vordringen will, muss mit dem Selbst verschmelzen, was in der Erleuchtung geschieht.

b. Der wissende Traum

Das Entstehen einer exakten wissenschaftlichen Arbeit, wollen wir nicht als „Traumerzeugnis" verstehen. Ohne jedoch die Fähigkeit zu träumen, gäbe es unsere Zivilisation und Kultur gar nicht. Die berufsmässigen Menschenkenner zählen zu den großen Geheimnissen des Lebens die schöpferische Vorstellungskraft, die auch im Traumzustand aktiv ist. Es gibt Kenner dieser Materie, die wissen wollen, dass der große Teil des Fortschritts durch schöpferische Vorstellungskraft im Traumzustand entsteht. Falls es denn tatsächlich so wäre, dann dürfen wir uns aber wundern, dass in unseren Schulprogrammen die Einführung zum schöpferischen Träumen fehlt. In der Musik, Dichtung und Kunst bekennen sich viele Aktiven zur nächtlichen Trauminspiration und manche tun sogar gar nichts, ohne den Einfluss der „Musen".

Vom Standpunkt einer modernen Menschenidee, nach der alles Wertvolle – das gesamte Wissen, die Weisheit und die sogenannten parapsychologischen Fähigkeiten – dem inneren Menschen, seiner Seele, dem Geist und dem Selbst, zugeordnet werden müssen. Das Träumen wird jedoch die natürlichen Wege zum Wissenserwerb nicht ersetzen. Anderseits würde es uns sehr wundern, wenn ein Drittel des Lebens im Schlaf vergehen würde, alleine nur um den Körper zu regenerieren.

Ein 70 Jahre alter Mensch verbringt 23 Jahre seines Lebens im Schlaf, aber auch diese Investition kann den Zerfall seiner Körperlichkeit nicht aufhalten.

Nach den alten Traumlehren und nach meiner eigenen Erfahrung, verlässt der innere Mensch (sein Astral- und Mentalkörper) den physischen Leib und hält sich in den Sphären der feinstofflichen Welt auf. Dabei hat er die Möglichkeit, dem irdischen Ich zu helfen, es vor Krankheiten und Verlusten zu warnen, oder von geplanten Aktionen abzuraten. Der Geist hat das absolute Vorwissen, die Kenntnis kommender Ereignisse und aus jeder ungünstigen Lage, kennt er den Ausweg. Besonders wenn das irdische Ich nach praktischen oder theoretischen Lösungen für seine Vorhaben sucht, kann ihm der eigene Geist am besten helfen. Für die guten Verbindungen zu den geistigen Kräften sollte jedoch auch das Ich etwas tun. Verlangt wird vor allem der Glaube, der sich zum Wissen wandelt, dass er nicht Leib ist und dass auch sein Hirn nicht das wissende und entscheidende Ich repräsentiert. Wahrheitsgemäß sollte er sich als den unsterblichen Geist denken, der den vordergründigen Sinnendrang abwenden kann, den Zeitfluss überwinden und den unerschütterlichen Glauben aufbauen, dass er die Fähigkeit besitzt, sein Potential an Weisheit, Wissen, Selbstführung und Macht zu aktualisieren. Infolge dieser Denkungsart kommt er schnell zu der Überzeugung, dass bei Verbindung mit dem geheimnisvollen Inneren, sein Hirn ihm dabei im Wege steht. Auch zu seinen Träumen soll eine respektvolle Beziehung aufgebaut werden. Sie sollen sich in seiner Vorstellung von „Schäumen" zu Goldkörnchen wandeln. Das Träumen ist nicht irrational. Es ist logisch und folgerichtig. Es will zu einer verlässlichen Kunst ausgebildet werden!

Wie alles, was im Bereich der Fähigkeiten uns zur Verfügung steht, müssen auch Träume gelenkt, hörig und verstanden werden. Sie bilden einen breiten Bereich der Reaktionen auf den Zustand des Körpers, der Psyche und Geistes. Sie antworten auf das Zuviel und Zuwenig der Nahrung, auf ungesunde Ernährung, auf alle Belastungen unseres psychischen Lebens, auf negative Gedanken und abwegige Wünsche!
Die Sprache der Träume geht nicht über unser Sprachorgan

und darum setzt sie sich nicht aus Worten und Begriffen zusammen. Es ist eine Symbolsprache, oft emotional übertrieben. Sie braucht eine Entschlüsselung. Am Anfang benutzt man dazu ein Traumlexikon, wie es sie im Buchmarkt zu finden gibt.

Wer seine Träume zu Vermittlung von präkognitiven, hellsichtigen Inhalten bewegen möchte, wäre zuerst verpflichtet, sich richtig zu ernähren, auf alkoholische Getränke zu verzichten, mindestens 2 Stunden vor dem zu Bett gehen, keine Filme zu schauen und keine aufregenden Gespräche zu führen. Im zweiten Schritt kann er versuchen, selbst über die Trauminhalte zu bestimmen d. h., dem inneren Träumer Traumbefehle zu erteilen. Die Traumzentrale ist rational und versteht die Sprache, die wir sprechen. Ihre Antworten dagegen wollen entschlüsselt werden. Der träumende Teil gehört zu unserem Leben genauso wie das Denken und Wollen. Die Träume lassen sich für nützliche Aufgaben verwenden und dazu gehört primär die Problemlösung. Vor dem Einschlafen abends, legen Sie Ihrem Geist das Problem vor – nicht in abstrakten Begriffen, sondern in Form konkreter Situation, oder wenn es stimmt, in emotionaler Verwicklung. Ihrem inneren Zuhörer sagen Sie, dass Sie in einer Traumform von ihm eine Lösung erwarten. Wenn Sie dabei nicht richtig gesammelt sind,, wiederholen Sie Ihr Anliegen. Wer unter einer Konzentrationsschwäche leidet, kann sich ein Heft anlegen, in dem er die wichtigsten Befehle an den Geist präzise formuliert und der Reihe nach realisieren lässt. Die bildhaften Antworten aus der Traumzentrale sollen auch aufgeschrieben und über ihre Bedeutung nachgedacht werden. Denken Sie dabei an die alte Wahrheit, dass jede Traumantwort von Ihrem eigenen

Inneren kommt und dass Sie allein nach Kenntnis der Symbolik, sie deuten können. Falls sich die Deutung verzögert, schreiben sie detailliert den ganzen Traum auf, und meditieren über seinen Inhalt.

Mit diesem Vorgehen wecken Sie die Kunst der Trauminterpretation und mit der Zeit haben Sie eine Erkenntnisquelle in sich selbst erschlossen, die Ihr Leben unfehlbar zum Ziel führen wird. Sobald ein Traum richtig erschlossen wird, bemerken Sie das an Ihrer eigenen Zufriedenheit. Vergessen Sie auch nicht, dass dem inneren Menschen, der uns mit Wissen und Fertigkeiten versorgt, Dankbarkeit gebührt!

Dank einer funktionierenden Traumarbeit zwischen unserer körperlichen Erscheinungsform und dem geistigen Sein, bekommen wir Lösungen für unsere Probleme. Damit hätten wir uns die transzendentale Führung im Leben gesichert. Uns werden Intuitionen und Inspirationen gesendet und unsere innere Selbsthörigkeit wird uns vor jeder Verzweiflung am Dasein schützen.

c. Telepathie – eine außergewöhnliche Fähigkeit will entwickelt werden.

Günter – ein physisch starker junger Mann – war Holzfäller von Beruf. An einem windigen und nassen Tag arbeitete er in einem siebzigjährigen Kiefernwald. Der Himmel hatte sich mit schnell ziehenden Wolken schwarz verzogen und nach einigen Donnerschlägen kam schon der Regen herunter. Günter arbeitete in einem unwegsamen Teil des Waldes, weit von seinem Auto entfernt. Weil die Blitze ganz in seiner Nähe herunter kamen, suchte er sich einen Platz im Freien. Der Wind wurde so kräftig, dass die Kiefern auf Höhe der Mitte ihrer Stämme mit lautem Krach abbrachen und der schwere, abgebrochene Baumteil schlug mit unglaublicher Wucht auf dem Boden auf. Günter legte sich in einen Wassergraben, den er selbst vor Jahren ausgehoben hatte. Plötzlich brach eine mächtige Kiefer in der Mitte ab und, vom starken Wind nieder gedrückt, krachte sie auf den Boden längs des Grabens und mit ihrer Krone traf sie seinen Körper. Er registrierte einen heftigen Schmerz in den Beinen und die anderen Äste drückten seinen Körper so stark, dass ihm die Gefahr im Wassergraben zu ersticken, der sich immer schneller mit Wasser füllte, drohte. Er benötigte fremde Hilfe!

Günter interessierte sich für parapsychologische Phänomene und hatte an meinem Seminar über Telepathie teilgenommen. Mit seiner ganzen Kraft konzentrierte er sich auf seinen Freund und Mitarbeiter, Mark: Er möchte doch sofort zu ihm kommen, weil er in direkter Lebensgefahr schwebe. Mark wusste in welcher Region des Waldes sein Freund Günter arbeitet, und er selbst hatte sich noch kurz vor dem Unwetter ins Haus gerettet. Als er sich nach dem Essen hinlegte, packte ihn eine gewaltige Unruhe und vor seinem geistigen Auge breitete sich eine Vision aus, in der sein Freund, dem Ertrinken nah, in einem Graben lag und von Kieferästen zugedeckt, seinen Namen flüsterte. Er setzte sich sofort ins Auto und fuhr an die vermutete Arbeitsstelle von seinem Freund. Als er die gebrochenen Bäume am Boden liegen sah, machte er sich auf die Suche nach seinem Freund. Schließlich fand er ihn unter den Ästen einer Kiefer, die mit ihrem Gewicht seinen Freund in den Graben drückte. Mit einer Motorsäge befreite er ihn, jedoch seine beiden Beine waren gebrochen. Er rief den Krankenwagen und die Feuerwehr an, die den Verletzten fachmännisch versorgten und mitnahmen. Dank der telepatischen Botschaft von Günter überlebte er und fand Hilfe in einer menschenleeren Gegend.

Die angeborene Fähigkeit des menschlichen Geistes, Gedanken und Gefühle anderer Menschen auf Distanz zu beeinflussen und so in Verbindung mit ihnen zu treten, kam in den frühen Geschichtszeiten wesentlich häufiger vor, als unter den Lebensbedingungen der modernen Zivilisation. Wenn wir aufhören sie zu gebrauchen, weil uns heute viele Geräte zur Kommunikation zur Verfügung stehen, wird sie im Verlauf der Evolution gelöscht werden. Als Eigenschaft des Geistes bleibt sie jedoch bestehen, allerdings ohne die Hirnbeteiligung.

Um mit anderen Menschen in telepathische Verbindung zu treten, ist eine intensive, von den Gefühlen her unterstützte bildhafte Vorstellung der gewünschten Person notwendig. Sobald das Bild der Person klar vor unserem inneren Auge erscheint, wird ihr suggeriert – und das wiederum in Bildern einer klaren Vorstellung – was sie zu unternehmen hat. Verbindungen dieser Art, kommen für gewöhnlich in prekären Lebenslagen zustande – in einer drohenden Lebensgefahr, nach einem Unfall oder plötzlicher Erkrankung. Dann also, wenn wir Hilfe brauchen und uns andere Verbindungsmöglichkeiten nicht mehr zur Verfügung stehen.

Nach Einübung dieser Fähigkeit sind sogar Gespräche möglich, falls das telepathische Gegenüber auch in diesem Bereich ausgebildet ist.

Mit Telepathie bezwingen wir die andere Person nicht, schalten ihren Willen nicht aus, sondern öffnen sie innerlich, unsere Mitteilungen zu empfangen. Der Sender aller

Botschaften ist nicht das Gehirn, sondern der eigene Geist, der unter der Schwelle des Alltagsbewusstseins wirkt. Die formulierten Gedanken rasen zum Empfänger, werden von seinem Geist empfangen, der sie weiter an das irdische Ich durchleitet. Beide Seiten – der Sender und Empfänger – machen ihre höheren Geisteskräfte nutzbar. Um die Botschaften anderer zu empfangen, soll sich der Empfänger im entspannten Geisteszustand befinden. Die telepathische Fähigkeit geht zwar vom Ich aus, ohne jedoch die Verbindung mit dem inneren Menschen, der ja zeit- und raumlos ist, würde Telepathie nicht funktionieren. Damit setzt die Ausbildung dieser Fähigkeit wieder voraus, dass wir uns als kosmische Einheit von Selbst, Seele und Geist verstehen und uns alle übersinnlichen Kräfte zuschreiben. Der Nutzung geht der Glaube an ihren Besitz voraus.

d. „Werdet wie der Vater im Himmel"
Im Alten Testament wird der Mensch als Spiegelbild Gottes betrachtet. Diese Idee wird von Jesus konkretisiert: *„Werdet vollkommen wie der Vater im Himmel."* Um sich zu vollenden, entwickelt sich die Schöpfung zu ihrer letzten Form aus eigener Kraft.

Die Vergöttlichung des Menschen wäre somit die Kardinalspflicht eines jeden menschlichen Individuums. Mit den Frömmigkeitsübungen und der Unterwerfung unter die religiöse Disziplin bleibt das *"Sein wie der Vater im Himmel"* unerreicht. Eine der uralten Methoden der Vergöttlichung, die bereits tausend Jahre vor dem Aufkommen des Christentums praktiziert wurde, heute vor allem von der Alchemie vertreten, ist die „Weissung" und „Goldung", die wir in verschiedenen Büchern bereits dargestellt haben. In der Tradition der alten Hermetik gibt es eine ebenbürtige Kunst der Gottwerdung, die ich hier kurz erwähnen möchte.

Sie basiert auf der Lehre von den vier Elementen, die den Ursprung von allem Sein, selbst das Wesen Gottes erklären wollen.

Um den Begriff der Elemente richtig zu erfassen, war in der antiken Zeit eine geheim gehaltene Einweihung nötig. Aus der Erfahrung der äußeren Welt, war zuerst einmal das sinnenmäßige Bild der Elemente bekannt. Es ging um das Feuer, die Luft, das Wasser und die Erde. Dass jedoch Feuer identisch mit dem Selbst des Menschen wäre, die Luft den Geist bezeichnen würde, das Wasser das Wesen der Seele ausdrücken würde und die Erde mit dem Körper eines Menschen übereinstimmt, war von der sinnlichen Erfahrung weit entfernt. Die Einweihung in die Geheimlehre über die Elemente schien notwendig.

Noch schwieriger war das Verständnis der Elementenlehre in ihrer Behauptung, dass Gott selbst die Einheit der vier Elemente bildet, die in ihrem höchsten Reinheitsgrad sich gegenseitig durchdringen und somit das göttliche Sein bilden.

Die Aussage von der Ebenbildlichkeit Gottes im Menschen bezog sich auf die Einheit der vier Elemente in Gott und dem Menschen. Was jedoch Gott vom Menschen immer noch unterscheidet, ist die Reinheit der Elemente in Gott. Das „Feuer" im Menschen (das Selbst) kann sich mit dem „Wasser" (die Seele) immer noch nicht vereinigen und die „Luft" (der Geist) mit der „Erde" (dem Körper) nicht vereinigen. Die Vertreter dieser Lehre legen das Gewicht auf die Anstrengung des

Menschen, seine vier Elemente, bis zur gegenseitigen Durchdringung zu reinigen. Dazu wurden mehrere Methoden entwickelt, die in verschiedenen Gesellschaften benutzt wurden.

Um die Gottwerdung des Menschen zu beschleunigen, leitet die westliche Hermetik eine Art von Meditation über die vier göttlichen Elemente an. Im Gott entspricht das Feuer der Allmacht, die Luft der Weisheit und dem Allwissen, das Wasser der Ewigkeit und die Erde der Allgegenwärtigkeit. Der Kandidat für die Gottwerdung stellt sich zunächst darauf ein, dass seine Elemente in identischer Beziehung zu den Göttlichen stehen und versetzt sich in einen Geisteszustand, in dem er die göttlichen Elemente zu seinem wahren Besitz zählt. Er denkt und empfindet sich als die Allmacht Gottes, so lange immer wieder erneut, bis sein Bewusstsein die Allmacht als sein Eigentum wahrnimmt und anwendet. Und so geht er weiter vor, bis zum göttlichen Erdeelement − der Allgegenwärtigkeit. Auch sie stellt er sich nicht als beschränkt in der göttlichen Welt existierend vor, sondern als das Ureigentum seiner individuellen Natur, das in reinster Vollkommenheit mit Hilfe aller Sinnenkonzentration in ihn übergeht. Alles, was die Natur Gottes ausmacht, zieht er im veränderten Bewusstseinszustand imaginativ in sich hinein und versteht sich ganz realistisch, als ein transzendentales Wesen, mit Allmacht, Weisheit, Unsterblichkeit und Allgegenwärtigkeit ausgestattet, vor. Er übt so lange, bis er die Gewissheit und die Erfahrung bekommt, dass er die vierpolige Natur Gottes in sich verwirklicht hat. Nun darf er auch in Wahrheit sagen: *„Ich bin vollkommen wie Vater im Himmel.“*

252

Bibliographie:

1. **F. Martinez:** L´ascitisme chretien pendant les trois premiers siècles de l´Eglise Paris 1913
2. **R. Egenter**: die Aszese der Christen in der Welt Ettal 1956
3. **Th. Litt:** Technisches Denken und menschliche Bildung Heidelberg 1957
4. **G. Siewerth**: Metaphysik der Kindheit Einsiedeln 1957
5. **F. W. Foerster**: Die Hauptaufgabe der Erziehung Freiburg 1959
6. **M. Keilhacker**: Pädagogische Orientierung im Zeitalter der Technik   Stuttgart 1959
7. **K. Thieme** Die christliche Demut   Gießen 1906
8. **J. Splett**: Der Mensch in seiner Freiheit   Mainz 1967
9. **E. G. Gulin**: Die Freude im Neuen Testament 2 Bände Helsinki 1932/36
10. **M. Ammermann:** Die religiöse Freude in den Schriften des Alten Bundes   Rom 1942
11. **H. Horkheimer – K. Rahner – C. F. v. Weizsäcker**: Über die Freiheit Stuttgart 1965
12. **K. von Raumer:** Ewiger Friede, Friedensrufe und Friedenspläne seit der Renaissance Freiburg-München 1953
13. **E. Biser**: Der Sinn des Friedens   München 1960
14. **A. Pott**: Das Hoffen im Neuen Testament in seiner Beziehung zum Glauben Leipzig 1915
15. **N. Brosc:** Die Hoffnung der Christen, Wien 1965

16. **C. F. von Weizsäcker**: Die Geschichte der Natur
Stuttgart 1948
17. **A.** Portmann: Biologie und Geist Zürich 1956
18. **R.** **Carnoup**: Einführung in die Philosophie der
Naturwissenschaft München 1969
19. **H.** **Rommen**: Die ewige Wiederkehr des
Naturrechts München 1947
20. **F.** **Flückiger**: Geschichte des Naturrechts I
(Altertum und Frühmittelalter) Zöllikon-Zürich
1954
21. **E.** **Wolf**: Das Problem der Naturrechtslehre
Karlsruhe 1959
22. **K. Graf von Dürckheim**: Im Zeichen der großen
Erfahrung München-Planegg 1951
23. **K.** **Graf** **von** **Dürckheim**: Durchbruch zum
Wesen Zürich 1954
24. **J. Friese**: Die säkularisierte Welt. Triumph oder
Tragödie der christlichen Geistesgeschichte?
Frankfurt 1967
25. **J. B. Metz**: Zur Theologie der Welt Mainz 1968
26. **H. Conrad-Martins**: Die Zeit München 1954
27. **E. Fink:** Zur ontologischen Frühgeschichte von
Raum, Zeit und Bewegung Den Haag 1957
28. **J. Mouroux**: Eine Theologie der Zeit Freiburg
1965
29. **Condorcet:** Esquisse d´un tableau historique
des progrès de l´esprit humain (ed. W. Alff) 1963
30. **B. Delfgaauw**: Geschichte des Fortschritts 3
Bde. 1962 – 66
31. **R. W. Meyer:** Das Problem des Fortschritts
heute Darmstadt 1969

32. **M. Born**: Erinnerungen und Gedanken eines Physikers, in Universitas 23 (1968) S. 273

33. **J. P. Sartre**: Esquisse d´une théorie des émotions Paris 1948

34. R. **Descartes**: Les passions de l´ame, Amsterdam 1648 (Adam et Tannery Bd. XI Paris 1909)

35. **M. Heidegger**: Sein und Zeit Tübingen 1957

36. **F. Grossart**: Gefühl und Strebung Wesen und Systematik des Gefühls München 1961

37. **M. Horkheimer**: Anfänge der bürgerlichen Geschichtsphilosophie Stuttgart 1930

38. **J. Habermas:** Erkenntnis und Interesse Frankfurt 1968

39. **K. – G. Faber**: Theorie der Geschichtswissenschaft München 1971

40. **H. M. Baumgartner:** Kontinuität und Geschichte. Zur Kritik und Metakritik der historischen Vernunft Frankfurt 1972

41. **M. Scheler**: Die Wissensformen und die Gesellschaft Leipzig 1926

42. **F. W. J. Schelling**: Philosophische Untersuchung über das Wesen der menschlichen Freiheit und die damit zusammenhängenden Gegenstände 1809

43. **Th. W. Adorno**: Freiheit. Zur Metakritik der praktischen Vernunft in: Negative Dialektik Frankfurt 1970

44. **H. G. Gadamer**: Wahrheit und Methode Tübingen 1965

45. **H. Marcuse:** Triebstruktur und Gesellschaft Frankfurt 1968

46. **A. Schlesinger**: Der Begriff des Ideals. Eine historisch-psychologische Analyse Leipzig 1908
47. **H. Rickert**: Die Philosophie des Lebens Tübingen 1922
48. **E. Schrödinger**: Was ist Leben? 1951
49. **E. Bloch**: Das Prinzip der Hoffnung 3 Bde. Berlin 1954
50. **E. Bloch**: Zur Ontologie des Noch-Nicht-Seins Frankfurt 1961
51. **L. Wittgenstein**: Gewissheit Frankfurt 1970

MIX

Papier | Fördert
gute Waldnutzung

FSC® C083411

Zeitfracht Medien GmbH
Ferdinand-Jühlke-Straße 7
99095 Erfurt, Deutschland
produktsicherheit@kolibri360.de